NEWS
In Korean

NEWS In Korean

1판 1쇄	1st edition published	2015. 11. 9
1판 8쇄	8th edition published	2021. 7. 19

지은이	Written by	TalkToMeInKorean
책임편집	Edited by	김보경 Florence Kim, 선경화 Kyung-hwa Sun, 박주연 JooYeon Park
디자인	Design by	이혜령 Hyeryung Lee
삽화	Illustration by	진석진 Seokjin Jin
녹음	Voice Recording by	선현우 Hyunwoo Sun, 선경화 Kyung-hwa Sun
펴낸곳	Published by	롱테일북스 Longtail Books
펴낸이	Publisher	이수영 Su Young Lee
주소	Address	04043 서울 마포구 양화로 12길 16-9(서교동) 북앤빌딩 3층
		3rd Floor Book-And Bldg. 16-9 Yanghwa-ro 12-gil, Mapo-gu, Seoul, KOREA
이메일	E-mail	TTMIK@longtailbooks.co.kr
ISBN		979-11-86701-10-2 13710

*이 교재의 내용을 사전 허가 없이 전재하거나 복제할 경우 법적인 제재를 받게 됨을 알려 드립니다.
*잘못된 책은 구입하신 서점이나 본사에서 교환해 드립니다.
*정가는 표지에 표시되어 있습니다.

Copyright © 2015 TalkToMeInKorean

*All rights reserved. Partial or in full copies of this book are strictly prohibited unless consent or permission is given by the publisher.
*Defective copies of this book may be exchanged at participating bookstores or directly from the publisher.
*The standard price of this book is printed on the back cover above the UPC barcode.

이 도서의 국립중앙도서관 출판예정도서목록(CIP)은 서지정보유통지원시스템 홈페이지(http://seoji.nl.go.kr)와
국가자료공동목록시스템(http://www.nl.go.kr/kolisnet)에서 이용하실 수 있습니다.(CIP제어번호: CIP2015028255)

TTMIK - TALK TO ME IN KOREAN

뉴스로 한국어 공부하기

NEWS
In Korean

written by TalkToMeInKorean

INTRODUCTION

This book consists of 50 different news articles in Korean.
Each news article is composed as below.

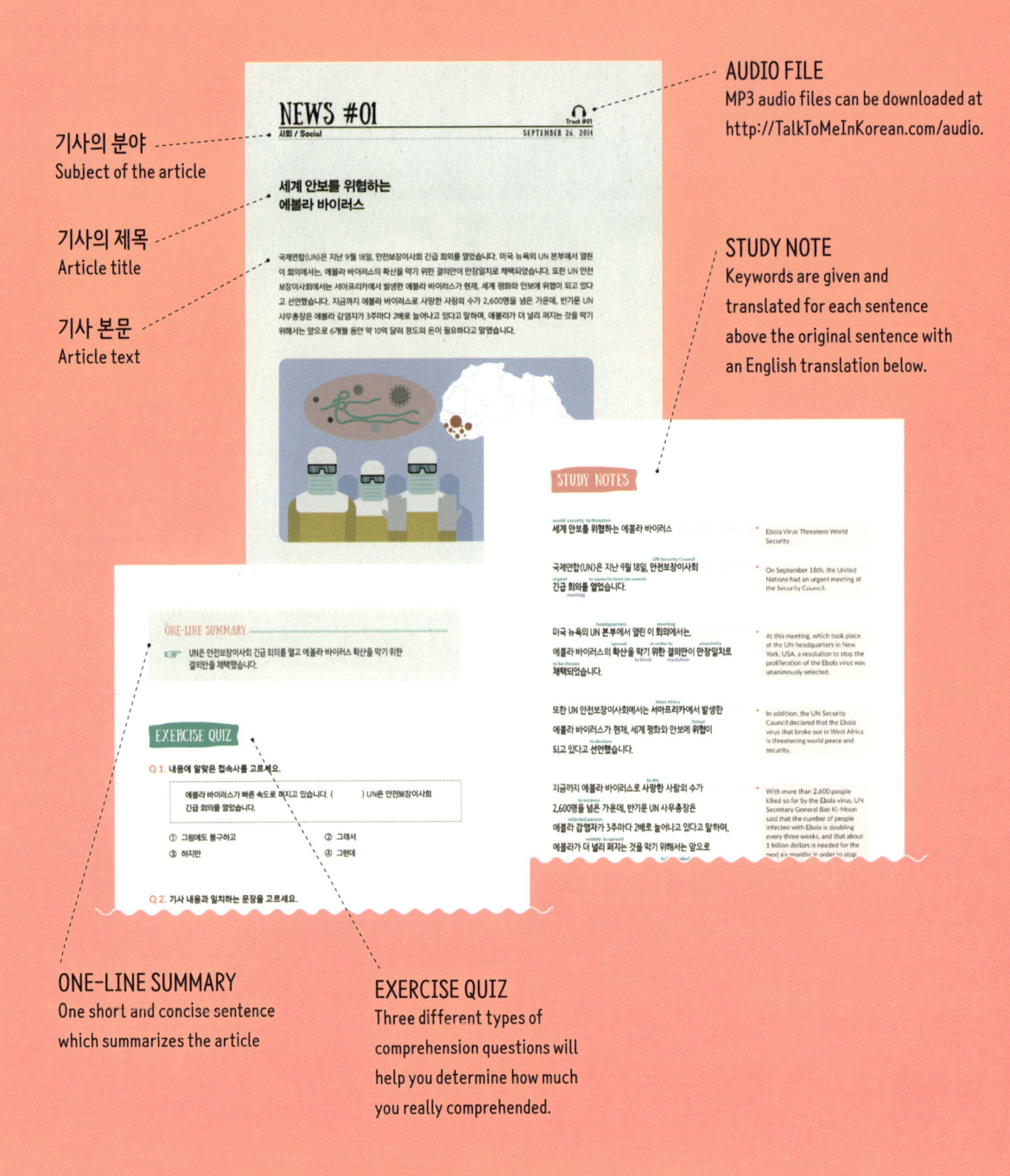

기사의 분야
Subject of the article

기사의 제목
Article title

기사 본문
Article text

AUDIO FILE
MP3 audio files can be downloaded at
http://TalkToMeInKorean.com/audio.

STUDY NOTE
Keywords are given and translated for each sentence above the original sentence with an English translation below.

ONE-LINE SUMMARY
One short and concise sentence which summarizes the article

EXERCISE QUIZ
Three different types of comprehension questions will help you determine how much you really comprehended.

Do you feel as if your progress in learning Korean has stalled out lately? Do you feel like you need an upgrade in study material? If you are serious about taking your language skills beyond conversational fluency, we highly recommend studying with news articles. You may already have no problem understanding or having daily conversations in Korean, but in order to develop your Korean language skills even further, studying more academic material is absolutely crucial to the learning process. Reading and listening to news articles or reports will introduce you to more advanced vocabulary and technical expressions which are not found in everyday conversations, and this will take your Korean to new heights.

When studying news articles in Korean by yourself, you may become incredibly frustrated and lose interest in the language when you realize that the news articles are too long, there are more than five unknown words in one sentence, you have to open your dictionary every two seconds, or whatever other troubles you may come across. That's where we come in. This book is designed to help you self-study Korean using news articles without getting to a point where you want to bang your head on your desk out of frustration. The 50 news articles in this book are moderate in length and cover a wide variety of topics to keep you interested. Vocabulary and a full translation for each sentence are provided so that you can use your study time more efficiently. Additionally, in order to check your comprehension of the content, we have included three different types of review questions for each article.

In order to give you all the tools you need to get the most out of learning Korean with news articles, audio files are also included with this book. Each article is read by native speakers to aid in developing listening comprehension skills and learning to read quickly.

CONTENTS

NEWS #01	세계 안보를 위협하는 에볼라 바이러스	사회 / Social	8
NEWS #02	준고령 인구 1,000만 명 돌파	사회 / Social	11
NEWS #03	냄새를 못 맡는 사람이 더 빨리 사망	과학 / Science	14
NEWS #04	나이 많은 신입 사원	사회 / Social	17
NEWS #05	사람 손보다 100배 민감한 로봇 손가락	과학 / Science	20
NEWS #06	관객이 웃을 때마다 돈을 받는 코미디 클럽	문화 / Culture	23
NEWS #07	3D 프린터로 권총 만든 일본 남성 구속	사회 / Social	26
NEWS #08	호화 열차를 타고 감상하는 가을 경치	생활 / Life	29
NEWS #09	고대인들보다 잇몸 염증이 심각한 현대인들	사회 / Social	32
NEWS #10	중국어를 필수 과목으로 지정한 포르투갈의 소도시	세계 / World	35
NEWS #11	룸메이트를 찾는 중년층 증가	사회 / Social	38
NEWS #12	졸업을 미루는 대학생들	사회 / Social	41
NEWS #13	한국 여성들의 지나친 다이어트의 원인	사회 / Social	44
NEWS #14	경매에 출품되는 노벨상 메달	사회 / Social	47
NEWS #15	일본에서 백만 명 이상의 콘서트 관객을 동원한 빅뱅	사회 / Social	50
NEWS #16	대학만큼 들어가기 어려운 유치원	사회 / Social	53
NEWS #17	애플을 상대로 승소한 아이폰 사용자	사회 / Social	56
NEWS #18	잃은 시력을 회복시켜 주는 실험 성공	과학 / Science	59
NEWS #19	택시가 승차 거부하면 20만 원 벌금	사회 / Social	62
NEWS #20	감염자의 연령이 다양해지고 있는 대상포진	건강 / Health	65
NEWS #21	하루 평균 스마트폰 사용 시간은 3시간 39분	생활 / Life	68
NEWS #22	사양길로 접어드는 종이 달력	사회 / Social	71
NEWS #23	한국 영화, 이제 관객 수 1억 명 돌파는 거뜬	문화 / Culture	74
NEWS #24	동안으로 보이게 만드는 식품 4가지	생활 / Life	77
NEWS #25	2억 2천만 년 전 '거대 공룡' 무덤 발견	과학 / Science	80

NEWS #26	서울시 범죄 우범 지역에서 클래식 음악 방송	사회 / Social		83
NEWS #27	암의 대부분은 무작위로 발생, 유전으로 예측 힘들어	과학 / Science		86
NEWS #28	한국에 진출한 가구 업체 이케아	사회 / Social		89
NEWS #29	스타벅스 커피가 가장 비싼 곳은 한국	사회 / Social		92
NEWS #30	두려운 기억을 지워 주는 카레	과학 / Science		95
NEWS #31	1970년에 비해 절반밖에 소비되지 않는 쌀	사회 / Social		98
NEWS #32	"면세 담배 좀 사다 주세요"	사회 / Social		101
NEWS #33	서울의 아파트 전세금으로 경기도 아파트 구매 가능	사회 / Social		104
NEWS #34	서울 시내 게스트하우스 3년 새 3배 증가	사회 / Social		107
NEWS #35	'문화가 있는 수요일' 행사를 진행하는 국립한글박물관	문화 / Culture		110
NEWS #36	하루 한 번 낮잠으로도 면역력을 회복할 수 있어	과학 / Science		113
NEWS #37	물을 정화해서 다시 쓰는 미래의 샤워 기술	과학 / Science		116
NEWS #38	신비로운 사진작가 비비안 마이어를 찾아서	문화 / Culture		119
NEWS #39	자전거로 제주도 한 바퀴	생활 / Life		122
NEWS #40	부모 잔소리가 아이의 반항 키운다	과학 / Science		125
NEWS #41	헌법재판소, 간통죄 위헌 판단 근거는?	사회 / Social		128
NEWS #42	땅콩 자주 먹으면 사망률 낮아진다	과학 / Science		131
NEWS #43	43억 년 전, 화성에 대서양만 한 바다 있었던 것으로 밝혀져…	과학 / Science		134
NEWS #44	육아냐 일이냐, 선택의 기로에 놓인 한국 엄마들	사회 / Social		137
NEWS #45	운동 안 하고 살을 뺄 수 있다?	건강 / Health		140
NEWS #46	몸에 좋은 사과, 언제 어떻게 먹을까	건강 / Health		143
NEWS #47	어린이 손님 받지 않는 카페, 음식점 늘어	사회 / Social		146
NEWS #48	장수 마을 오키나와, 왜 비만 마을이 되었나	사회 / Social		150
NEWS #49	꽃 피는 봄날에 우울증 증가?	생활 / Life		154
NEWS #50	눈꺼풀 떨림 증상, 마그네슘 섭취하세요	과학 / Science		157

NEWS #01
사회 / Social

Track #01
SEPTEMBER 26, 2014

세계 안보를 위협하는
에볼라 바이러스

국제연합(UN)은 지난 9월 18일, 안전보장이사회 긴급 회의를 열었습니다. 미국 뉴욕의 UN 본부에서 열린 이 회의에서는, 에볼라 바이러스의 확산을 막기 위한 결의안이 만장일치로 채택되었습니다. 또한 UN 안전보장이사회에서는 서아프리카에서 발생한 에볼라 바이러스가 현재, 세계 평화와 안보에 위협이 되고 있다고 선언했습니다. 지금까지 에볼라 바이러스로 사망한 사람의 수가 2,600명을 넘은 가운데, 반기문 UN 사무총장은 에볼라 감염자가 3주마다 2배로 늘어나고 있다고 말하며, 에볼라가 더 널리 퍼지는 것을 막기 위해서는 앞으로 6개월 동안 약 10억 달러 정도의 돈이 필요하다고 말했습니다.

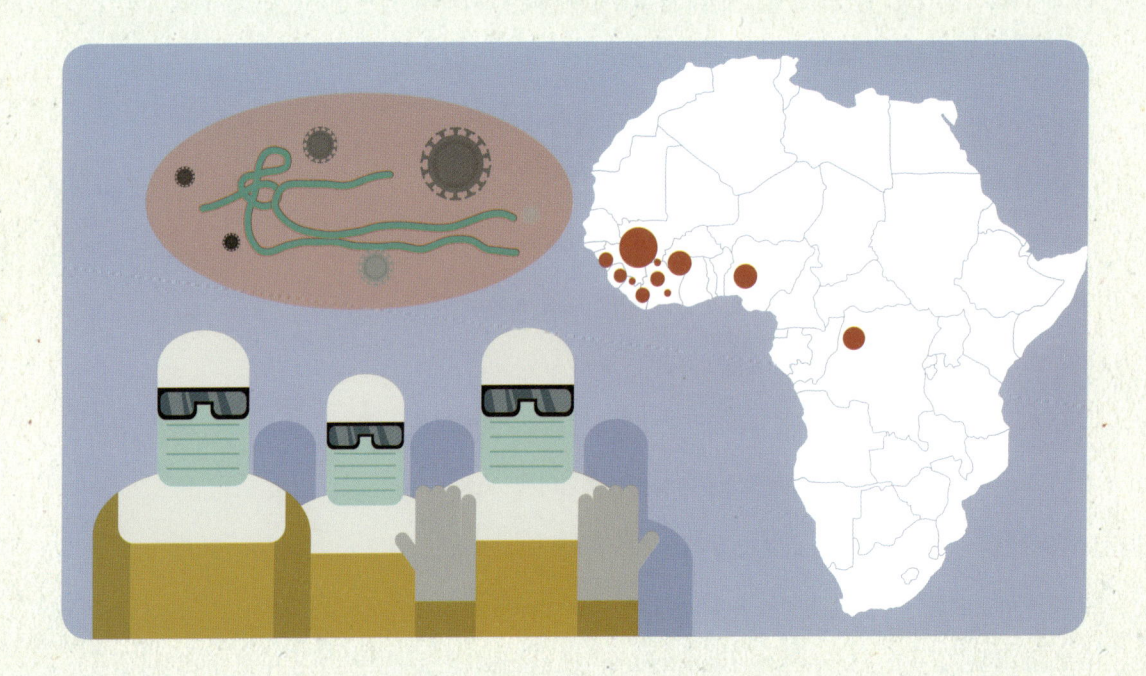

STUDY NOTES

세계 안보를 위협하는 에볼라 바이러스
(world / security / to threaten)

Ebola Virus Threatens World Security

국제연합(UN)은 지난 9월 18일, **안전보장이사회**
(UN Security Council)
긴급 회의를 열었습니다.
(urgent / to open/to host (an event) / meeting)

On September 18th, the United Nations had an urgent meeting at the Security Council.

미국 뉴욕의 UN **본부**에서 열린 이 **회의**에서는,
(headquarters / meeting)
에볼라 바이러스의 **확산**을 막기 **위한 결의안**이 **만장일치**로
(spread / to block / in order to / resolution / unanimity)
채택되었습니다.
(to be chosen)

At this meeting, which took place at the UN headquarters in New York, USA, a resolution to stop the proliferation of the Ebola virus was unanimously selected.

또한 UN 안전보장이사회에서는 **서아프리카**에서 발생한
(West Africa)
에볼라 바이러스가 현재, 세계 평화와 안보에 **위협**이
(threat)
되고 있다고 **선언했**습니다.
(to declare)

In addition, the UN Security Council declared that the Ebola virus that broke out in West Africa is threatening world peace and security.

지금까지 에볼라 바이러스로 **사망한** 사람의 수가
(to die)
2,600명을 **넘**은 가운데, 반기문 UN 사무총장은
(to surpass)
에볼라 **감염자**가 3주마다 2배로 늘어나고 있다고 말하며,
(infected person)
에볼라가 더 **널리 퍼지**는 것을 막기 위해서는 앞으로
(widely / to spread)
6개월 동안 약 10억 달러 정도의 돈이 **필요하**다고 말했습니다.
(to be needed)

With more than 2,600 people killed so far by the Ebola virus, UN Secretary General Ban Ki-Moon said that the number of people infected with Ebola is doubling every three weeks, and that about 1 billion dollars is needed for the next six months in order to stop further proliferation of Ebola.

ONE-LINE SUMMARY

☞ UN은 안전보장이사회 긴급 회의를 열고 에볼라 바이러스 확산을 막기 위한 결의안을 채택했습니다.

EXERCISE QUIZ

Q1. 내용에 알맞은 접속사를 고르세요.

> 에볼라 바이러스가 빠른 속도로 퍼지고 있습니다. (   ) UN은 안전보장이사회 긴급 회의를 열었습니다.

① 그럼에도 불구하고　　② 그래서
③ 하지만　　　　　　　④ 그런데

Q2. 기사 내용과 일치하는 문장을 고르세요.

① UN은 긴급 회의를 열기 위한 결의안을 만장일치로 채택했습니다.
② 동아프리카에서 발생한 에볼라 바이러스가 현재 세계 평화와 안보에 위협이 되고 있습니다.
③ 에볼라 바이러스를 막기 위해서는 막대한 돈이 필요합니다.
④ 에볼라 바이러스로 인해 사망한 사람의 수는 2,600명입니다.

Q3. 기사의 내용에 맞게 빈칸을 채우세요.

> UN의 긴급회의에서는 에볼라 바이러스가 더 널리 퍼지는 것을 (   ) 위한 결의안이 채택되었습니다.

① 보기　　　　② 멈추기
③ 방관하기　　④ 알리기

NEWS #02

사회 / Social

Track #02
SEPTEMBER 30, 2014

준고령 인구 1,000만 명 돌파

일반적으로 65세 이상의 인구는 '고령 인구'라고 분류되고, 50세에서 64세까지의 인구는 '준고령'이라고 부릅니다. 지난 29일, 통계청은 '2014년 고령자 통계'를 발표했습니다. 이 통계에 따르면 한국에서 현재 '준고령 인구'는 1,050만 7,000명으로, 전체 인구의 20%를 넘어섰다고 합니다. 준고령 인구가 1,000만 명을 넘어선 것은 역사상 처음 있는 일입니다. 이번 통계에는 다양한 설문 조사 결과가 담겨 있었습니다. 이혼을 찬성하는지의 여부를 묻는 설문 조사에서는, 65세 이상 고령자들은 이혼에 반대하는 응답자가 75%에 달한 반면, 준고령자들 중에는 58%만 이혼에 반대해서 대조를 이뤘습니다.

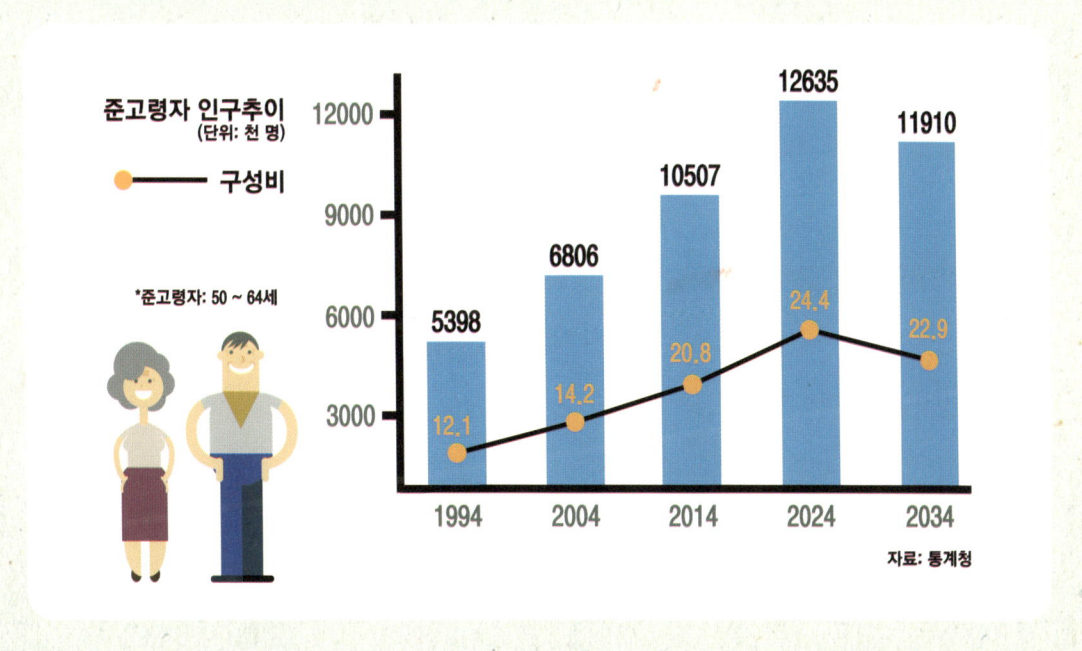

준고령자 인구추이 (단위: 천 명)
구성비
*준고령자: 50 ~ 64세

1994	2004	2014	2024	2034
5398	6806	10507	12635	11910
12.1	14.2	20.8	24.4	22.9

자료: 통계청

STUDY NOTES

준고령 인구 1,000만 명 돌파

'Semi-Old Age' Population Surpasses 10 Million

일반적으로(generally/usually) 65세 이상의 **인구**(population)는 '**고령**(old age) 인구'라고 분류되고, 50세에서 64세까지의 인구는 '**준**(quasi-/semi-)고령'이라고 부릅니다.

Generally, people over 65 years of age are classified as 'the old age population', and the population between ages 50 and 64 are called 'semi-old age'.

지난 29일, **통계청**(National Statistical Office)은 '2014년 고령자 **통계**(statistics)'를 **발표**(to announce)했습니다.

On October 29, the National Statistical Office announced the 'Old Age Population Figures of 2014'.

이 통계에 따르면 한국에서 **현재**(now/currently) '준고령 인구'는 1,050만 7,000명으로, **전체**(total) 인구의 20%를 **넘어섰다**(to surpass)고 합니다.

According to these statistics, there are currently 10,507,000 people aged from 50 to 64 in Korea, which is over 20% of the total population.

준고령 인구가 1,000만 명을 넘어선 것은 **역사상 처음**(for the first time in history) 있는 일입니다.

This is the first time in history that the number of people aged from 50 to 64 has surpassed 10 million.

이번 통계에는 **다양한**(various) **설문 조사**(survey) **결과**(result)가 **담겨 있었습니다**(to be included).

These statistics included the results of many different surveys.

이혼(divorce)을 **찬성하는**(to agree)지의 **여부**(whether or not)를 **묻는**(to ask) 설문 조사에서는, 65세 이상 고령자들은 이혼에 **반대하는**(to oppose) **응답자**(responder)가 75%에 달한 반면, 준고령자들 중에는 58%만 이혼에 반대해서 대조를 이뤘습니다.

In a survey asking whether or not they are in favor of divorce, 75% of the people aged over 65 said that they oppose divorce. On the contrary, only 58% of the people aged from 50 to 64 opposed divorce.

ONE-LINE SUMMARY

☞ 한국에서 준고령 인구가 역사상 처음으로 1,000만 명을 넘어섰습니다.

EXERCISE QUIZ

Q1. 기사의 내용에 맞게 빈칸을 채우세요.

> 한국에서 준고령 인구가 1,000만 명을 (   ) 것은 역사상 처음 있는 일입니다.

① 넘나드는 ② 육박하는
③ 채우지 못한 ④ 넘은

Q2. 기사를 읽고 맞는 문장을 고르세요.

① 올해 63세이신 우리 할머니는 '고령 인구'에 속합니다.
② 준고령 인구가 1,000만 명을 넘어선 것은 최초입니다.
③ 75%의 고령자들이 이혼에 찬성했습니다.
④ 50세 이상의 인구 대부분이 이혼에 반대했습니다.

Q3. 내용에 알맞은 접속사를 고르세요.

> 65세 이상 고령자들의 75%가 이혼에 반대했습니다. (   ) 준고령자들은 55%만 이혼에 반대했습니다.

① 반면 ② 마찬가지로
③ 따라서 ④ 때문에

NEWS #03

과학 / Science

Track #03
OCTOBER 3, 2014

냄새를 못 맡는 사람이 더 빨리 사망

미국 시카고대학교의 연구자들은 57세에서 85세 사이의 참가자들을 대상으로 냄새를 맡는 테스트를 실시하고, 이들의 사망 시기를 기록했습니다. 연구 결과에 따르면, 냄새를 아주 잘 못 맡는 참가자들 3,000명 중 39%는 5년 안에 사망했다고 합니다. 반면 냄새를 정확하게 맡아 낸 사람들 중에서 5년 내에 사망한 사람들의 숫자는 10%밖에 되지 않았습니다. 과학자들은 냄새를 못 맡는 것이 사망의 직접적인 원인이 되지는 않지만, 건강에 큰 이상이 있음을 알려 주는 경고가 될 수는 있다고 합니다. 이번 연구를 이끈 자애언트 핀토 박사는 냄새를 잘 못 맡는다고 해서 (ㄱ) 너무 걱정할 필요는 없고, 감기 등으로 인한 일시적인 현상일 수도 있으니 병원을 방문해 볼 것을 권한다고 말했습니다.

STUDY NOTES

냄새를 못 **맡**는 사람이 더 빨리 **사망**
smell/odor   to smell   death

People Who Can't Smell Die Faster

미국 시카고대학교의 **연구자**들은 57세에서 85세 사이의
researcher
참가자들을 대상으로 냄새를 맡는 테스트를 **실시**하고,
participant   to conduct
이들의 사망 **시기**를 **기록**했습니다.
time/point in time   to record

Researchers at the University of Chicago conducted smelling tests on participants aged 57 to 85 and tracked their time of death.

연구 **결과**에 따르면, 냄새를 아주 잘 못 맡는 참가자들
result
3,000명 중 39%는 5년 안에 사망했다고 합니다.

According to the research results, 39% of the 3,000 participants who were very poor at smelling passed away within five years.

반면 냄새를 **정확하게** 맡아 낸 사람들 중에서 5년 내에
correctly/accurately
사망한 사람들의 **숫자**는 10%밖에 되지 않았습니다.
number/figure

On the contrary, among the people who detected smells correctly, the number of people who died within five years was only 10%.

과학자들은 냄새를 못 맡는 것이 사망의 **직접적인 원인**이
direct   reason/cause
되지는 않지만, **건강**에 큰 **이상**이 있음을 알려 주는
health   abnormality
경고가 될 수는 있다고 합니다.
warning

Scientists say that not being able to smell well is not a direct cause of death, but it could be a warning that there is something very wrong with one's health.

이번 연구를 **이끈** 자애언트 핀토 박사는 냄새를 잘 못 맡는다고
to lead
해서 너무 걱정할 필요는 없고, **감기** 등으로 인한
a cold
일시적인 현상일 수도 있으니 병원을 **방문**해 볼 것을
temporary phenomenon   to visit
권한다고 말했습니다.
to recommend

Doctor Jayant Pinto, who lead this research, said that you don't have to worry too much even if you can't smell well, and he recommends that you visit a doctor since it could be a temporary symptom coming from a cold or something else.

15

ONE-LINE SUMMARY

☞ 냄새를 잘 못 맡는 사람은 건강에 큰 이상이 있을 수도 있습니다.

EXERCISE QUIZ

Q1. 기사의 핵심 내용을 고르세요.

① 냄새를 잘 못 맡는 사람이 잘 맡는 사람보다 일찍 사망할 가능성이 더 높다.
② 냄새를 잘 못 맡는다면 바로 병원에 가 봐야 한다.
③ 냄새를 잘 못 맡는 사람들은 수명이 길다.
④ 냄새를 잘 못 맡아도 건강에 이상이 있는 것은 아니다.

Q2. 내용에 알맞은 접속사를 고르세요.

> 냄새를 못 맡는 것이 건강에 이상이 있음을 알려주는 경고가 될 수 있습니다.
> (   ) 너무 걱정할 필요는 없습니다.

① 하지만　　　　　　　　② 그러니까
③ 때문에　　　　　　　　④ 왜냐하면

Q3. 과학자들은 왜 (ㄱ) 라고 말했습니까?

① 냄새를 잘 못 맡아도 먹을 수는 있기 때문에
② 일시적인 현상일 수 있기 때문에
③ 과학자들이 친절하기 때문에
④ 금방 사망하지 않기 때문에

NEWS #04

사회 / Social

Track #04
OCTOBER 7, 2014

나이 많은 신입 사원

대학을 졸업하고 회사에 들어가려고 하는 입사 지원자들 중 상당수가, 이미 다른 회사에서 일을 해 본 경험이 있는, 이른바 '올드 루키'와 경쟁하고 있다고 합니다. 일자리가 줄어들고 취업을 오랫동안 못 하는 사람들이 많아지자, 기업들에서는 연령 제한을 풀었는데, 그 결과 이미 직장을 가지고 있는 경력자들도 신입직으로 다시 지원하는 경우가 많아지고 있기 때문입니다. 올드 루키들은 처음으로 회사에 지원하는 대학 졸업생들과 나이는 비슷하지만, 이미 사회 생활 경험과 업무 경험을 가지고 있기 때문에, 기업들 중에는 이들 올드 루키들을 선호하는 곳도 많습니다. 기업들에게는 실력과 경험을 가진 사람들을 신입 사원의 급여를 주고 고용할 수 있는 기회가 되기 때문입니다.

STUDY NOTES

나이 많은 **신입 사원**
new employee

'Older' New Employees

대학을 **졸업**하고 **회사에 들어가려고** 하는 **입사 지원자**들 중 **상당수**가, 이미 다른 회사에서 일을 해 본 **경험**이 있는, 이른바 '올드 루키'와 **경쟁하**고 있다고 합니다.
to graduate / *to get a job at a company* / *job candidate* / *considerable number* / *experience* / *to compete*

Quite a large number of job applicants who want to get a job after graduating from college are reportedly competing with so-called 'old rookies'; those who already have experience working for another company.

일자리가 **줄어들**고 **취업**을 **오랫동안** 못 하는 사람들이 많아지자, **기업**들에서는 **연령 제한을 풀**었는데, 그 결과 이미 직장을 가지고 있는 **경력자**들도 **신입직**으로 다시 **지원하**는 경우가 많아지고 있기 때문입니다.
job / *to decrease* / *getting a job* / *for a long time* / *company/corporation* / *age* / *to lift a restriction* / *experienced employee* / *entry-level employment* / *to apply*

As jobs decrease and there are many people who can't get a job for a long time, companies have lifted age restrictions. As a result, more and more experienced employees who already have a job are applying again for entry-level employment.

올드 루키들은 처음으로 회사에 지원하는 대학 **졸업생**들과 나이는 비슷하지만, 이미 **사회 생활** 경험과 **업무** 경험을 가지고 있기 때문에, 기업들 중에는 이들 올드 루키들을 **선호하**는 곳도 많습니다.
a graduate / *social life* / *work* / *to prefer*

Despite these old rookies being similar in age to college graduates applying to companies for the first time, the old rookies are preferred by many companies due to their social life and work experiences.

기업들에게는 **실력**과 경험을 가진 사람들을 신입 사원의 **급여**를 주고 **고용할** 수 있는 **기회**가 되기 때문입니다.
ability/skill / *pay/wage* / *to hire* / *opportunity*

This is because it is a better opportunity for companies to hire people with skills and experience on an entry-level wage.

ONE-LINE SUMMARY

☞ 이미 사회 생활 경험이 있음에도 신입 사원으로 지원하는 '올드 루키'들이 많아지고 있으며 기업들은 이들을 선호하고 있습니다.

EXERCISE QUIZ

Q1. 기사의 핵심 내용을 고르세요.

① 경력자들이 신입직으로 회사에 지원하는 경우가 많아지고 있다.
② 취업하기 위해서는 경력이 있어야 한다.
③ 기업은 나이 어린 사람을 선호한다.
④ 일자리가 줄어들고 있어서 취업난이 심각하다.

Q2. 기사에 따르면 기업들은 왜 '올드 루키'를 선호합니까?

① 나이가 많으면 반드시 일을 더 능숙하게 잘 처리하기 때문에
② 사회 생활과 업무 경험이 있고 신입 사원의 급여를 주고 고용할 수 있기 때문에
③ 나이가 많아서 말이 더 잘 통하기 때문에
④ 대학 졸업생들보다 나이가 많아서 사회 생활을 잘하기 때문에

Q3. 내용에 알맞은 접속사를 고르세요.

> 기업들이 신입 사원 지원에 제한된 연령을 풀었습니다. (　　　) '올드 루키'들이 많이 지원하고 있습니다.

① 왜냐하면　　　　　　　② 그럼에도 불구하고
③ 그러자　　　　　　　　④ 그러는 도중에

NEWS #05

과학 / Science

Track #05
10 OCTOBER, 2014

사람 손보다 100배 민감한 로봇 손가락

로봇 기술이 계속해서 발달하고 있지만, 아직까지 로봇들의 움직임은 사람에 비해서 부자연스럽고 민첩하지 못합니다. 하지만 미국 메사추세츠공과대학(MIT)의 연구진은 최근, 사람 손보다 훨씬 예민한 로봇 촉각 센서를 개발했다고 밝혔습니다. 이번에 MIT에서 개발한 로봇 촉각 센서는, 사물의 위치와 움직임을 빠른 속도로 파악해서 정확하고 미세한 조종을 할 수 있다고 합니다. 연구진에 따르면 이 센서를 이용하면 로봇의 손가락을 사람의 손가락보다 100배 더 예민하게 만들 수 있다고 합니다. 이번 연구를 통해서 로봇의 움직임이 훨씬 정교하고 자연스러워지게 되면 앞으로 다양한 분야에 활용할 수 있을 것으로 예상됩니다.

STUDY NOTES

사람 손보다 100배 **민감한** 로봇 **손가락**

> Robot Fingers That are 100 Times as Sensitive as Human Fingers

로봇 **기술**이 **계속해서 발달하고** 있지만, 아직까지 로봇들의 **움직임**은 사람에 비해서 **부자연스럽고 민첩**하지 못합니다.

> Robot technology continues to develop, but robotic movements are still unnatural and not as agile compared to human movements.

하지만 미국 **메사추세츠공과대학(MIT)**의 연구진은 최근, 사람 손보다 훨씬 예민한 로봇 **촉각** 센서를 **개발했**다고 밝혔습니다.

> However the research team at MIT has recently announced that they have developed a robotic touch sensor that is much more sensitive than human hands.

이번에 MIT에서 개발한 로봇 촉각 센서는, **사물**의 **위치**와 움직임을 빠른 **속도**로 **파악**해서 **정확**하고 **미세**한 **조종**을 할 수 있다고 합니다.

> The robotic touch sensor that they have developed at MIT tracks the location and movement of an object at a fast speed and can have accurate and fine detail control.

연구진에 따르면 이 센서를 이용하면 로봇의 손가락을 사람의 손가락보다 100배 더 **예민하게** 만들 수 있다고 합니다.

> According to the research team, using this sensor could make robot's fingers 100 times as sensitive as human's fingers.

이번 연구를 통해서 로봇의 움직임이 훨씬 정교하고 자연스러워지게 되면 앞으로 다양한 분야에 활용할 수 있을 것으로 예상됩니다.

> If the movement of robots becomes much more accurate and natural through this research, it is expected that this can be applied to various fields in the future.

ONE-LINE SUMMARY

☞ 미국 메사추세츠공과대학(MIT)의 연구진은 최근, 사람 손보다 훨씬 예민한 로봇 촉각 센서를 개발했다고 밝혔습니다.

EXERCISE QUIZ

Q1. 어떤 이야기를 하고 있나요?

① 움직임이 자연스러운 로봇을 개발할 예정이다.
② 로봇은 아직 사람 손보다 민첩하지 않다.
③ 사람 손보다 예민한 로봇 촉각 센서가 개발되었다.
④ 로봇은 사람의 손가락보다 100배 더 예민하다.

Q2. 기사의 내용에 맞게 빈칸을 채우세요.

> MIT 연구진이 개발한 이 로봇 촉각 센서를 이용하면 로봇의 움직임을 훨씬 (　　　) 만들 수 있습니다.

① 정교하게　　　　　② 둔감하게
③ 빠르게　　　　　　④ 밝게

Q3. 빈칸에 들어가기에 알맞은 단어를 고르세요.

> MIT 연구진이 사람보다 예민한 로봇 촉각 센서를 개발했습니다. (　　　) 앞으로 다양한 분야에서 활용할 수 있을 것으로 예상됩니다.

① 그럼에도 불구하고　　② 그에 따라
③ 그러다가　　　　　　④ 그런 줄도 모르고

NEWS #06

문화 / Culture

Track #06

OCTOBER 14, 2014

관객이 웃을 때마다
돈을 받는 코미디 클럽

웃음 한 번의 값은 얼마일까요? 스페인 바르셀로나의 한 코미디 클럽에서는 관객들이 한 번 웃을 때마다 돈을 받는 시스템을 실험 중이라고 합니다. 관객이 많이 웃으면 웃을수록 공연이 재미있다는 뜻이 되기 때문에 돈을 더 많이 받는다고 하는데, 한 번 웃을 때마다 0.3유로씩 책정이 되고, 24유로가 되면 더 이상 금액이 올라가지 않습니다. 이 극장에서는 의자에 얼굴 인식 소프트웨어가 설치된 태블릿을 달아서, 관객들 얼굴의 움직임을 파악합니다. 코미디 공연을 보러 오는 사람들의 숫자가 줄어들어서 이러한 아이디어를 낸 것인데, 현재까지는 사람들이 내는 평균 관람료가 일반 티켓보다 6유로 높아서, 긍정적인 결과가 나오고 있다고 합니다.

STUDY NOTES

관객이 **웃**을 때마다 **돈을 받는** 코미디 클럽
<small>audience / laugh / to charge/ to get paid</small>

Comedy Club Charges Every Time the Audience Laugh

웃음 한 번의 **값**은 얼마일까요?
<small>laughter / price</small>

How much is one laughter worth?

스페인 바르셀로나의 한 코미디 클럽에서는 관객들이 한 번 웃을 때마다 돈을 받는 시스템을 **실험** 중이라고 합니다.
<small>experiment</small>

A comedy club in Barcelona, Spain, is reportedly experimenting with a system where they charge the audience every time they laugh.

관객이 많이 웃으면 웃을수록 **공연**이 재미있다는 뜻이 되기 때문에 돈을 더 많이 받는다고 하는데, 한 번 웃을 때마다 0.3유로씩 **책정이 되고**, 24유로가 되면 더 이상 **금액**이 **올라가지** 않습니다.
<small>performance / a prices is set / amount of money / to go up/to increase</small>

They say that the more the audience laugh, the more interesting the show must be, so they charge more. Every time you laugh, you are charged 0.3 euros, and once you reach 24 euros, the price does not go up any further.

이 극장에서는 **의자**에 **얼굴 인식** 소프트웨어가 **설치된** 태블릿을 **달아서**, 관객들 얼굴의 **움직임**을 **파악합니다**.
<small>chair / face recognition / to be installed / to set up/put in / movement / to grasp/to track</small>

In this theater, they track the facial movements of the audience by setting up tablets in the chairs that have face recognition software installed on them.

코미디 공연을 보러 오는 사람들의 숫자가 **줄어들어서** 이러한 **아이디어를 낸** 것인데, **현재까지는** 사람들이 내는 **평균 관람료**가 **일반 티켓**보다 6유로 높아서, **긍정적인 결과**가 나오고 있다고 합니다.
<small>to reduce / to come up with an idea / for now/until now / average / regular ticket / admission fee for a show / positive result</small>

They came up with this idea because the number of people coming to see their comedy show has decreased, and so far, the average fee people are paying is 6 euros higher than the regular ticket price, so there are positive results coming out of it.

ONE-LINE SUMMARY

☞ 스페인 바르셀로나의 한 코미디 클럽에서 관객이 한 번 웃을 때마다 돈을 받는 시스템을 실험 중입니다.

EXERCISE QUIZ

Q1. 기사의 내용과 일치하는 문장을 고르세요.

① 관객들이 많이 웃을수록 관람료를 더 할인해준다.
② 웃지 않으면 관람료를 내지 않아도 된다.
③ 코미디 공연의 인기가 높아서 이러한 관람료 책정 방법을 선택했다.
④ 공연을 보는 사람들이 평균 20번 이상 웃는다.

Q2. 기사의 내용에 맞게 빈칸을 채우세요.

| 코미디 공연을 보러 오는 사람들의 숫자가 (　　　) 관객들이 웃을 때마다 돈을 받는 방법을 적용하고 있다. |

① 늘어나서　　　　　　　　② 감소해서
③ 증가해서　　　　　　　　④ 유지되서

Q3. 기사의 핵심 내용을 고르세요.

① 웃음 한 번의 값은 0.3유로이다.
② 공연이 재미있어서 관객들이 많이 웃는다.
③ 웃을 때마다 관람료가 올라가는 공연이 있다.
④ 공연의 평균 관람료는 6유로보다 높아야 한다.

NEWS #07
사회 / Social

Track #07
OCTOBER 21, 2014

3D 프린터로 권총 만든 일본 남성 구속

일본 가나가와 현의 요코하마 시에서 3D 프린터를 이용해서 권총을 만든 20대 남성에게 징역 2년이 선고되었다고 아사히 신문이 보도했습니다. 판결문에 따르면, 피고는 지난해 가을, 자신의 집에 있는 3D 프린터를 이용해서 권총 두 정을 만들어 소지한 혐의를 받고 있습니다. 가나가와 현의 경찰 과학 수사 연구소에서는 이 플라스틱 권총들을 감정한 결과, 이 권총들이 실탄 발사가 가능하며 실제 살상 능력이 있다고 판단했습니다. 그러자 요코하마 시의 지방법원에서는 3D 프린터를 이용해서 누구나 총을 만들 수 있다는 것을 입증한 예라고 말하며, 이번 사건은 다른 사람들이 모방할 수 있는 확률이 높기 때문에 실형을 선고한다고 밝혔습니다. 이 남성은 한 대학교에서 일하고 있는 직원으로 알려졌으며, 무기 등 제조법 위반과 총도법 위반 등의 혐의로 기소되었습니다.

STUDY NOTES

3D 프린터로 권총 만든 일본 남성 구속
pistol/handgun — man — imprisonment

> Japanese Man Arrested for Making a Gun with a 3D Printer

일본 가나가와 **현**의 요코하마 시에서 3D 프린터를 이용해서 권총을 만든 20대 남성에게 **징역** 2년이 **선고되었다**고 아사히 신문이 **보도했**습니다.
prefecture / imprisonment/prison labor / to be sentenced / to report

> In Yokohama, Kanagawa Prefecture, Japan, a man in his 20s who made a gun using a 3D printer has been sentenced to 2 years in prison, the Asahi newspaper reported.

판결문에 따르면, **피고**는 지난해 가을, 자신의 집에 있는 3D 프린터를 이용해서 권총 두 **정**을 만들어 **소지한 혐의**를 받고 있습니다.
sentencing/written judgment / defendant/the accused / counter for guns / to carry/to possess / charge

> According to the sentencing, the accused is suspected of making two pistols using a 3D printer at home last Autumn and carrying them with him.

가나가와 현의 경찰 **과학 수사 연구소**에서는 이 플라스틱 권총들을 **감정한** 결과, 이 권총들이 **실탄 발사**가 가능하며, **실제 살상 능력**이 있다고 **판단했**습니다.
forensic science laboratory / to apprize / live ammunition/live cartridge / launch/shot / actual killing or wounding / ability/capability / to be the judge/to judge

> After evaluating these plastic guns, the police forensic science lab in Kanagawa Prefecture decided that these guns were capable of shooting live ammunition and potentially killing or wounding people.

그러자 요코하마 시의 **지방법원**에서는 3D 프린터를 이용해서 누구나 **총**을 만들 수 있다는 것을 **입증한** 예라고 말하며, 이번 **사건**은 다른 사람들이 **모방할** 수 있는 **확률**이 높기 때문에 **실형을 선고한**다고 밝혔습니다.
district court / gun / verify/validate / incident/affair / emulate/imitate / probability / to sentence someone to imprisonment

> So the district court of Yokohama city said that this example proves that anybody can make a gun using a 3D printer, and that they are sentencing him to imprisonment because the probability is high that other people can imitate this case.

이 남성은 한 대학교에서 일하고 있는 **직원**으로 알려졌으며, **무기** 등 **제조법 위반**과 **총도법** 위반 등의 혐의로 **기소되었**습니다.
employee / weapon / production law / law regulating the use of guns and knives / violation / to be charged

> This man is known to be an employee at a university, and was charged for the violation of both the weapons production law, and the law regulating the usage of guns and knives.

ONE-LINE SUMMARY

☞ 일본의 한 남성이 3D 프린터를 이용해 권총을 만들어 실형을 선고받았습니다.

EXERCISE QUIZ

Q1. 내용에 알맞은 접속사를 고르세요.

> 지방 법원은 이번 사건이 모방될 수 있는 확률이 (　　　) 이 남성에게 실형을 선고한 다고 밝혔습니다.

① 높기 때문에　　　　　② 높음에도 불구하고
③ 높은 반면　　　　　　④ 높히기 위하여

Q2. 기사를 읽고 맞는 문장을 고르세요.

① 일본 요코하마 시에서 권총을 이용해 3D 프린터를 절도한 남성이 붙잡혔습니다.
② 이 남성이 만든 권총은 플라스틱 권총이지만 실제 권총과 비슷한 능력을 가지고 있습니다.
③ 이 남성은 권총으로 살상을 했기 때문에 실형을 선고받았습니다.
④ 이 남성은 고유한 기술로 권총을 만들었습니다.

Q3. 기사의 내용에 맞게 빈칸을 채우세요.

> 일본의 한 20대 남성은 3D 프린터를 이용해 권총을 만들어 (　　　) 혐의로 실형을 선고받았습니다.

① 숨긴　　　　　　　　② 판
③ 보유한　　　　　　　④ 검사한

NEWS #08

생활 / Life

Track #08
OCTOBER 14, 2014

호화 열차를 타고 감상하는
가을 경치

한국에는 다양한 철도 노선이 형성되어 있어서, 기차를 타고 전국 곳곳을 여행할 수 있습니다. 그런데 일반적인 열차와는 많이 다른, 이른바 '호화 열차'가 만들어져 현재 운행 중이라고 합니다. 이 호화 열차의 이름은 '해랑'으로, 해랑 열차에는 다양한 호화 시설이 설치되어 있습니다. 2인실과 3인실, 4인실로 이루어진 객실은 침대와 텔레비전까지 갖추고 있어 웬만한 호텔과 비슷한 수준입니다. 객실 옆에 있는 식당 칸에서는 음식을 먹으면서 음악 공연도 감상할 수 있습니다. 게다가 열차의 유리창이 넓어서 멋진 경치를 감상하기 좋습니다. 해랑 열차를 타고 전국 곳곳을 며칠간 여행할 수 있는 프로그램이 운영 중이며, 3일짜리 프로그램의 경우 2인실은 290만 원, 그리고 4인이 함께 쓰는 '패밀리' 프로그램은 360만 원이라고 합니다.

STUDY NOTES

호화 열차를 타고 **감상하는** 가을 **경치**
(luxury train / to appreciate/to enjoy / view/landscape)

> Enjoying Fall Scenery on a Luxury Train

한국에는 다양한 **철도 노선**이 **형성되**어 있어서, 기차를 타고 전국 **곳곳**을 여행할 수 있습니다.
(train route / to be formed / various spots)

> There are various train routes in Korea, and you can travel to various parts of the country via train.

그런데 **일반적**인 열차와는 많이 다른, **이른바** '호화 열차'가 만들어져 현재 **운행** 중이라고 합니다.
(average/regular / so-called / to be operated/to be run)

> But a train that is very different from regular trains, a so-called 'luxury train', has reportedly been made and is currently operating.

이 호화 열차의 이름은 '해랑'으로, 해랑 열차에는 **다양한** 호화 **시설**이 **설치되**어 있습니다.
(various / facility / to be installed)

> The name of this luxury train is 'Haerang', and on the Haerang train, there are many luxurious facilities installed.

2인실과 3인실, 4인실로 이루어진 **객실**은 침대와 텔레비전까지 갖추고 있어 웬만한 호텔과 **비슷한 수준**입니다.
(guest room/customer room / to be similar / level)

> The guest rooms, which come in 2-person, 3-person and 4-person room varieties, are even equipped with a bed and a television, so they are at a similar level with a hotel.

객실 옆에 있는 식당 칸에서는 음식을 먹으면서 음악 **공연**도 감상할 수 있습니다.
(performance)

> In the dining car next to guest rooms, you can eat food while enjoying musical performances.

게다가 열차의 **유리창**이 넓어서 멋진 **경치**를 **감상**하기 좋습니다.
(glass window / view / to enjoy)

> On top of that, the glass windows on the train are wide so they are good for enjoying gorgeous views.

해랑 열차를 타고 전국 곳곳을 **며칠간 여행할** 수 있는 프로그램이 운영 중이며, 3일짜리 프로그램의 경우 2인실은 290만 원, 그리고 4인이 함께 쓰는 '패밀리' 프로그램은 360만 원이라고 합니다.
(several days / to travel)

> A program where you can go to various places throughout the country via this train is in operation, and in the case of the 3-day program, it reportedly costs 2,900,000 won for a 2-person room and 3,600,000 won for a 4-person 'family' program.

ONE-LINE SUMMARY

☞ 호텔 수준의 객실과 식당을 갖추고 있는 호화 열차 '해랑'이 현재 운행되고 있습니다.

EXERCISE QUIZ

Q1. 기사의 핵심 내용을 고르세요.

① 한국에는 다양한 호화 열차가 많다.
② 기차를 타고 여행하려면 호화 열차를 타야 한다.
③ 일반 열차와는 다르게 다양한 호화 시설을 갖춘 열차가 운행 중이다.
④ 호화 열차는 일반 열차와 다르게 전국 곳곳을 여행할 수 있다.

Q2. 내용에 알맞은 접속사를 고르세요.

| 해랑 열차에서는 음악 공연을 감상할 수 있습니다. (　　　) 멋진 경치도 감상할 수 있습니다. |

① 하지만　　　　　　　　　　② 또한
③ 그럼에도 불구하고　　　　　④ 그래서

Q3. 기사를 읽고 맞는 문장을 고르세요.

① 한국에는 다양한 호화 철도가 있습니다.
② 해랑 열차는 일반적인 열차와 비슷합니다.
③ 해랑 열차에서는 음식물을 먹을 수 없습니다.
④ 해랑 열차는 객실의 종류가 다양합니다.

NEWS #09

사회 / Social

Track #09
OCTOBER 31, 2014

고대인들보다 잇몸 염증이
심각한 현대인들

칫솔과 치약이 없다면 우리의 치아 건강은 어떻게 될까요? 영국에서 실시된 한 연구 결과, 칫솔과 치약이 없었던 고대인들보다, 현대인들에게 잇몸병이 훨씬 더 많이 발생하고 있다고 합니다. 약 1,600년에서 1,800년 전에 사망한 영국인 303명의 두개골을 조사한 결과, 치아와 잇몸에 심각한 염증이 있었던 사람들은 5%밖에 안 되었던 것으로 나타났습니다. 하지만 오늘날 영국 성인들의 15%에서 30%가 치아와 잇몸에 염증이 있다고 합니다. 전반적으로 봤을 때에는 현대인들이 고대인들보다 더 오래 살고, 양치질을 하는 덕분에 충치가 더 적지만, 흡연을 하고 단 것을 많이 먹는 등의 생활 습관으로 인해서 잇몸병이 더 심각한 것일 수 있습니다.

STUDY NOTES

고대인들보다 **잇몸 염증**이 **심각**한 **현대인**들
- ancient person / gum (in one's mouth) / infection/inflammation / severe / contemporary person

Contemporary People Have More Severe Gum Inflammations Than Ancient People

칫솔과 **치약**이 없다면 우리의 **치아 건강**은 어떻게 될까요?
- toothbrush / toothpaste / tooth / health

What would happen to our dental health if we had no toothbrushes and toothpastes?

영국에서 **실시된** 한 **연구 결과**, 칫솔과 치약이 없었던 고대인들보다, 현대인들에게 **잇몸병**이 훨씬 더 많이 **발생**하고 있다고 합니다.
- to be implemented / research result / gum disease / to arise/to happen

According to the results of a study conducted in the UK, gum diseases are happening more commonly to contemporary people than to ancient people, who had no toothbrushes or toothpastes.

약 1,600년에서 1,800년 전에 **사망한** 영국인 303명의 **두개골**을 **조사한** 결과, 치아와 잇몸에 심각한 염증이 있었던 사람들은 5%밖에 안 되었던 것으로 나타났습니다.
- to die / skull / to inspect/ to investigate

Upon studying the skulls of 303 British people who died approximately between 1,600 and 1,800 years ago, it turned out that the ratio of people who had severely inflamed teeth and gums were just 5%.

하지만 오늘날 영국 성인들의 15%에서 30%가 치아와 잇몸에 염증이 있다고 합니다.

However nowadays, between 15% and 30% of adults in the UK reportedly have inflammations around their teeth and gums.

전반적으로 봤을 때에는 현대인들이 고대인들보다 더 오래 살고, **양치질**을 하는 덕분에 **충치**가 더 적지만, **흡연**을 하고 단 것을 많이 먹는 등의 **생활 습관**으로 인해서 잇몸병이 더 심각한 것일 수 있습니다.
- overall / brushing one's teeth / cavity / smoking / life habits

Overall, contemporary people live longer than ancient people, and have fewer cavities thanks to the fact that they brush their teeth. However, they might have more severe gum diseases due to smoking or life habits like eating a lot of sweet things.

ONE-LINE SUMMARY

☞ 치약과 칫솔이 없었던 고대인들은 현대인들보다 잇몸병을 가지고 있는 경우가 적었습니다.

EXERCISE QUIZ

Q1. 내용에 알맞은 접속사를 고르세요.

> 현대인들의 생활 습관 (　　　) 현대인들은 고대인들보다 잇몸병이 훨씬 더 많이 발생하고 있습니다.

① 때문에　　　　　　　　　② 에 비해서
③ 일지라도　　　　　　　　④ 고도 불구하고

Q2. 기사의 핵심 내용을 고르세요.

① 현대인들은 고대인들보다 더 오래 산다.
② 현대인들은 고대인들보다 잇몸병이 더 많이 발생한다.
③ 현대인들의 생활 습관이 고대인들보다 좋지 않다.
④ 현대인들의 잇몸 염증은 심각하다.

Q3. 기사의 내용에 맞게 빈칸을 채우세요.

> 현대인들이 고대인들보다 충치가 (　　　)만, 현대인들의 생활 습관으로 인해 잇몸병이 더 심각합니다.

① 더 많지　　　　　　　　② 더 심하지
③ 더 적지　　　　　　　　④ 더 흔하지

NEWS #10

세계 / World

Track #10

NOVEMBER 4, 2014

중국어를 필수 과목으로 지정한
포르투갈의 소도시

포르투갈의 한 도시에서 중국어가 8, 9세 초등학생의 필수 과목으로 지정되었습니다. 이 도시의 이름은 '상 조앙 다 마데이라'로, 포르투갈의 북부에 있는 작은 도시입니다. 이 도시의 인구는 2만 명 정도인데, 이 도시는 고급 수제화를 만들어 내는 도시로 유명합니다. 중국은 현재 해마다 100억 켤레 이상의 신발을 생산하고 있어서 세계 최대의 신발 생산국이지만, 좋은 품질의 포르투갈 수제화를 원하는 중국인 고객들이 늘고 있다고 합니다. 이에 따라 이 도시에서는 젊은 세대가 중국어를 통해서 더 큰 경쟁력을 갖추게 하기 위해 이러한 정책을 내놓았습니다. 포르투갈 정부는 이 도시에서 좋은 성과가 나올 경우, 전국적으로 중국어 교육을 실시할지의 여부를 결정할 것이라고 합니다.

STUDY NOTES

중국어를 **필수 과목**으로 **지정한** 포르투갈의 **소도시**
(required subject / to designate / small town)

> Small City in Portugal Designates Chinese as a Required Subject

포르투갈의 한 도시에서 중국어가 8, 9세 초등학생의 필수 과목으로 지정되었습니다.

> In a city in Portugal, Chinese was designated as a required subject for elementary school students of ages 8 and 9.

이 도시의 이름은 '상 조앙 다 마데이라'로, 포르투갈의 **북부**에 있는 작은 도시입니다.
(northern part)

> The name of this city is São João da Madeira, and it is a small city in the northern part of Portugal.

이 도시의 **인구**는 2만 명 정도인데, 이 도시는 **고급 수제화**를 만들어 내는 도시로 유명합니다.
(population / high quality / handmade shoes)

> The population of this city is about 20,000, and this city is famous for producing high quality handmade shoes.

중국은 현재 **해마다** 100억 **켤레** 이상의 **신발**을 **생산**하고 있어서 세계 **최대**의 신발 **생산국**이지만, 좋은 **품질**의 포르투갈 수제화를 원하는 중국인 **고객**들이 **늘고** 있다고 합니다.
(every year / pair of shoes / shoes / to produce / the biggest/the most / producing country / quality / customer / to increase)

> China is currently making more than 10 billion pairs of shoes each year and therefore, is the biggest producer of shoes in the world. However, there is reportedly a growing number of Chinese customers who want good-quality Portuguese handmade shoes.

이에 따라 이 도시에서는 젊은 **세대**가 중국어를 통해서 더 큰 **경쟁력**을 **갖추게** 하기 위해 이러한 **정책**을 **내놓았습니다**.
(generation / competitiveness / to possess/to be equipped with / policy / to offer/to present)

> Therefore, this city came up with this policy in order for their younger generation to be equipped with more competitiveness through the use of the Chinese language.

포르투갈 정부는 이 도시에서 좋은 **성과**가 나올 경우, **전국적으로** 중국어 **교육**을 **실시할**지 여부를 **결정할** 것이라고 합니다.
(result/outcome / on a national scale / education / to implement / to decide)

> The Portuguese government said that if there are good results coming out from this city, they would decide whether or not they would start Chinese education on a national scale.

ONE-LINE SUMMARY

☞ 포르투갈의 한 도시에서 중국어를 필수 과목으로 지정했습니다.

EXERCISE QUIZ

Q1. 기사에 따르면 포르투갈의 도시 '상 조앙 다 마데이라'는 왜 중국어를 필수 과목으로 지정했습니까?

① 중국인들이 많이 살기 때문에
② 중국인 고객들을 많이 상대해야 하기 때문에
③ 중국어가 세계적으로 인기가 많아지고 있기 때문에
④ 중국인 관광객들이 많기 때문에

Q2. 내용에 알맞은 접속사를 고르세요.

> 포르투갈에서 좋은 품질의 수제화를 잘 만들기 때문에 중국인 고객들이 (　　　　) 있습니다.

① 줄어들고　　　　　　　② 늘어나고
③ 유지되고　　　　　　　④ 찾아오고

Q3. 기사 내용과 일치하는 문장을 고르세요.

① 이 도시에서 중국어는 선택 과목입니다.
② 이 도시의 8, 9세 초등학생들은 모두 중국어를 수강해야 합니다.
③ 포르투갈은 세계 최대의 신발 생산국입니다.
④ 포르투갈 대부분의 도시에서 중국어는 필수 과목입니다.

1. ② 2. ② 3. ②

NEWS #11

사회 / Social

Track #11

NOVEMBER 7, 2014

룸메이트를 찾는 중년층 증가

미국에서뿐만 아니라 한국에서도, 20대의 젊은이들이 '함께 살 사람', 즉 룸메이트를 찾는 것을 흔하게 볼 수 있습니다. 집 임대료를 혼자서 내기 어려운 경우에 룸메이트와 집을 함께 쓰면 경제적일 수 있습니다. 그런데 최근 미국의 뉴욕에서는, 집세가 많이 상승함에 따라, 20대가 아닌 중년층, 장년층도 룸메이트를 구하는 경우가 많아지고 있다고 합니다. 뉴욕에 살고 있는 중장년층 중에는 결혼을 하지 않았거나 업무 때문에 혼자 생활하는 사람들이 많습니다. 뉴욕에 사는 40세 이상의 인구 중 룸메이트와 생활하는 사람의 비율은 20년 전에는 1.65%였지만, 이제 2.6%로 증가했습니다. 또한, 중장년층은 20대의 룸메이트와 살고 싶어 하지 않기 때문에, 대체로 비슷한 나이 대의 룸메이트를 찾는다고 합니다.

STUDY NOTES

룸메이트를 찾는 중년층 증가

Middle-Aged People Looking for Roommates Increases

미국에서뿐만 아니라 한국에서도, 20대의 **젊은이**들이 '함께 살 사람', 즉 룸메이트를 찾는 것을 **흔하게** 볼 수 있습니다.

Not only in the USA but also in Korea, you can commonly see young people in their 20s looking for someone to live with, in other words, roommates.

집 임대료를 **혼자서 내기** 어려운 경우에 룸메이트와 집을 함께 쓰면 **경제적**일 수 있습니다.

Since it is difficult to pay the rent for the house alone, it can be more economical if you share the house with a roommate.

그런데 **최근** 미국의 뉴욕에서는, **집세**가 많이 **상승함**에 따라, 20대가 아닌 중년층, **장년층**도 룸메이트를 구하는 경우가 많아지고 있다고 합니다.

But recently in New York, USA, as the rent goes up a lot, not only people in their 20s but also middle-aged and elderly people are reportedly looking for roommates.

뉴욕에 살고 있는 중장년층 중에는 결혼을 하지 않았거나 **업무** 때문에 혼자 생활하는 사람들이 많습니다.

Among the middle-aged and elderly people who are living in New York, there are many people who are living alone because they are not married or because of work.

뉴욕에 사는 40세 이상의 **인구** 중 룸메이트와 생활하는 사람의 **비율**은 20년 전에는 1.65%였지만, 이제 2.6%로 **증가**했습니다.

Among the population of people living in New York who are over 40 years old, the ratio of people who live with a roommate used to be 1.65% 20 years ago, but it has now increased to 2.6%.

또한, 중장년층은 20대의 룸메이트와 살고 싶어 하지 않기 때문에, **대체로 비슷한 나이 대**의 룸메이트를 찾는다고 합니다.

Futhermore, middle-aged and elderly people do not want live with a roommate in their 20s, so they reportedly look for roommates who are generally in a similar age group as they are.

39

ONE-LINE SUMMARY

☞ 최근 뉴욕에서는 집세가 증가함에 따라 중장년층 사이에서 룸메이트를 구하는 사람들이 많아졌습니다.

EXERCISE QUIZ

Q1. 기사의 내용에 맞게 빈칸을 채우세요.

> 미국 뉴욕에 사는 중장년층들은 룸메이트와 집을 함께 쓰면 (   ) 때문에 룸메이트를 많이 찾습니다.

① 외롭지 않기 ② 돈을 절약할 수 있기
③ 심심하지 않기 ④ 더 좋은 집에서 살 수 있기

Q2. 기사의 핵심 내용을 고르세요.

① 20대 젊은이들 중에는 룸메이트와 같이 사는 사람들이 많다.
② 뉴욕에서 중장년층이 룸메이트를 구하는 경우가 많아지고 있다.
③ 룸메이트는 비슷한 나이 대여야 한다.
④ 집 임대료를 혼자서 내기 어려운 사람들은 룸메이트를 찾아야 한다.

Q3. 기사에 따르면 왜 중장년층들은 대체로 비슷한 나이 대의 룸메이트를 찾으려고 합니까?

① 젊은 룸메이트와 살기 싫어서
② 말이 잘 통해서
③ 연인을 찾고 싶어서
④ 경제력이 비슷하기 때문에

NEWS #12
사회 / Social

Track #12
NOVEMBER 11, 2014

졸업을 미루는 대학생들

한국의 고등학생들이 졸업을 하고 나서 대학에 진학하는 비율은 아주 높은 편이지만, 대학을 졸업한 후에 바로 취업이 되는 비율은 점점 낮아지고 있습니다. 그래서 대학생 중에는 일부러 졸업에 필요한 서류나 시험 성적을 제출하지 않는 방법을 써서, 일부러 졸업을 안 하는 사람들이 많아지고 있다고 합니다. 이렇게 하면 한 학기 등록금을 더 내지 않아도, 한 학기 더 학생 신분으로 생활하면서 일자리를 찾을 수 있기 때문입니다. 이에 따라 여러 대학에서는 학생들이 일부러 졸업을 안 하는 것을 막기 위해서 조치를 취하고 있는데, 이에 대해서 많은 학생들과 학부모들은 반발을 하고 있습니다. 건국대학교에서는 학생들이 일부러 논문을 안 내는 방식으로 졸업을 연기하자, 논문을 안 내더라도 졸업을 연장하려면 등록금을 내야 한다고 규정을 바꿨습니다. 이에 대해서 학생 3,200여 명이 반대 서명을 했습니다.

STUDY NOTES

졸업을 **미루는 대학생**들
(graduation / to postpone/to delay / university student)

University Students Postpone Their Graduation

한국의 **고등학생**들이 졸업을 하고 나서 대학에 **진학하는** **비율**은 아주 높은 편이지만, 대학을 졸업한 후에 바로 **취업이 되는** 비율은 점점 **낮아지고** 있습니다.
(high school student / to proceed to higher-level education / ratio / to get a job / to get lower)

The ratio of high school students in Korea going to college after graduation is quite high, but the ratio of students being able to get a job right after graduating from college is gradually becoming lower.

그래서 대학생 중에는 **일부러** 졸업에 필요한 **서류**나 **시험 성적**을 **제출**하지 않는 **방법**을 써서, 일부러 졸업을 안 하는 사람들이 많아지고 있다고 합니다.
(on purpose / document / test results / to submit / method)

Therefore, among university students, there are reportedly more and more people who do not graduate on purpose, by means such as not submitting documents or test results that are necessary for graduation.

이렇게 하면 한 **학기 등록금**을 더 내지 않아도, 한 학기 더 학생 **신분**으로 **생활**하면서 **일자리**를 찾을 수 있기 때문입니다.
(semester / tuition fee / identity/status / to live / job)

It is because by doing this, they can maintain their student status and spend one semester looking for a job, without having to pay tuition fees for another semester.

이에 따라 여러 대학에서는 학생들이 일부러 졸업을 안 하는 것을 **막기** 위해서 **조치**를 **취하고** 있는데, 이에 대해서 많은 학생들과 **학부모**들은 **반발**을 하고 있습니다.
(to stop / to take a measure / parents of students / resistance/opposition)

As a result, many universities are taking steps to stop students from deliberately not graduating, and many students and parents are opposing to this.

건국대학교에서는 학생들이 일부러 **논문**을 안 내는 방식으로 졸업을 **연기하자**, 논문을 안 내더라도 졸업을 **연장하려면** 등록금을 내야 한다고 **규정**을 **바꿨습니다**.
(thesis / to postpone/to delay / to extend / regulation / to change)

As students postpone their graduation by deliberately not submitting their thesis, Konkuk University changed their rules and said that students now have to pay tuition if they want to postpone their graduation, even if they don't submit their thesis.

이에 대해서 학생 3,200여 명이 **반대 서명**을 했습니다.
(opposition / signature)

More than 3,200 students submitted their signature in opposition to this.

ONE-LINE SUMMARY

☞ 취업난이 심해지면서 한국의 대학생들이 일부러 졸업을 미루는 경우가 많아졌고, 대학들은 이를 제한하기 위해 조치를 취하고 있습니다.

EXERCISE QUIZ

Q1. 기사의 내용에 맞게 빈칸을 채우세요.

> 대학을 졸업한 후에 바로 취업을 하는 것이 (　　　) 일부러 졸업을 안하는 방법을 쓰는 사람들이 많아지고 있습니다.

① 힘들기 때문에　　　　② 힘들때 마다

③ 힘들지만　　　　　　④ 힘들어도

Q2. 대학생들이 졸업을 미루는 이유로 알맞지 않은 것을 고르세요.

① 졸업을 미뤄도 한 학기 등록금을 더 내지 않아도 되기 때문에
② 학생 신분으로 생활하며 구직 활동을 할 수 있기 때문에
③ 대학을 졸업해도 취업이 바로 되지 않기 때문에
④ 학교를 다니면서 일을 하고 싶기 때문에

Q3. 내용에 알맞은 접속사를 고르세요.

> 일부러 졸업을 미루는 학생들이 많아지고 있습니다. (　　　) 건국대학교는 졸업을 연장하려면 등록금을 내야 한다고 규정을 바꿨습니다.

① 이에 대해　　　　② 왜냐하면

③ 그럼에도 불구하고　④ 하지만

NEWS #13

사회 / Social

Track #13

NOVEMBER 18, 2014

한국 여성들의 지나친 다이어트의 원인

국내 한 언론사가 실시한 설문 조사에서, 한국 여성의 대부분이 체중이 많이 나가지 않아도 다이어트를 하고 있다고 응답했습니다. 20대 여성 500명을 대상으로 실시한 이 온라인 설문 조사에서, 응답자의 80% 이상이 다이어트를 해 본 적이 있다고 응답했고, 50% 이상은 현재 다이어트를 하고 있다고 말했습니다. 심지어 다이어트가 필요 없는 저체중인 여성들도 50% 이상 다이어트를 해 본 경험이 있다고 대답했고, 하루에 세 끼를 먹는 여성은 20%밖에 되지 않아서, 지나친 다이어트는 건강에 해로울 수 있다는 지적이 나오고 있습니다. 다이어트를 열심히 하는 이유를 묻는 질문에 많은 여성들은 마른 몸매를 강요하는 사회 분위기와 취업 면접 때문이라고 답했습니다.

STUDY NOTES

한국 여성들의 **지나친** 다이어트의 **원인**
excessive *cause*

| The Cause of Korean Women's Excessive Dieting |

국내 한 **언론사**가 실시한 **설문 조사**에서, 한국 여성의
press *to implement* *survey*

대부분이 **체중**이 **많이 나가**지 않아도 다이어트를 하고
majority *weight* *to weigh a lot*

있다고 **응답했**습니다.
to respond

| In a survey conducted by local press company, the majority of Korean women responded that they are on a diet even though they do not weigh a lot. |

20대 여성 500명을 대상으로 실시한 이 온라인 설문 조사에서,

응답자의 80% 이상이 다이어트를 해 본 적이 있다고 응답했고,
responder

50% 이상은 현재 다이어트를 하고 있다고 말했습니다.

| In this online survey that targeted 500 women in their 20's, more than 80% of the responders replied that they had been on a diet, and more than 50% said that they were currently on a diet. |

심지어 다이어트가 필요 없는 **저체중**인 여성들도 50% 이상
underweight

다이어트를 해 본 경험이 있다고 대답했고,

하루에 **세 끼**를 먹는 여성은 20%밖에 되지 않아서,
three meals

지나친 다이어트는 **건강**에 **해로울** 수 있다는
health *detrimental*

지적이 나오고 있습니다.
to be pointed out

| Even more than 50% of underweight women who do not need to lose weight also said that they had gone on a diet before, and only 20% of the women eat three meals a day, so it is being pointed out that excessive dieting can be detrimental to health. |

다이어트를 열심히 하는 이유를 묻는 질문에

많은 여성들은 **마른 몸매**를 **강요하**는 사회 **분위기**와
thin/skinny *bodyline* *to impose* *atmosphere*

취업 면접 때문이라고 답했습니다.
job searching
job interview

| Upon being asked why they try so hard to lose weight, many women answered that they do it because of job interviews and the social atmosphere that imposes on people to have a thin figure. |

ONE-LINE SUMMARY

☞ 20대 여성의 80% 이상이 다이어트의 경험이 있다고 답했고, 다이어트의 이유로는 마른 몸매를 강요하는 사회 분위기와 취업 면접을 꼽았습니다.

EXERCISE QUIZ

Q1. 기사 내용과 일치하는 문장을 고르세요.

① 한국 여성의 대부분이 체중이 많이 나가지 않는다.
② 설문 결과, 응답자의 50% 이상이 다이어트를 해 본 적이 있다고 응답했습니다.
③ 응답자 중 다이어트가 필요 없는 저체중 여성들도 절반 이상 다이어트를 해 본 적이 있다고 답했습니다.
④ 하루에 세 끼를 먹지 않는 것은 건강에 해롭습니다.

Q2. 내용에 알맞은 접속사를 고르세요.

> 체중이 많이 나가지 않는 여성들은 다이어트를 할 필요가 없습니다. (　　　) 그들의 50% 이상이 다이어트를 해 본 경험이 있다고 말했습니다.

① 그래서
② 그러므로
③ 그럼에도 불구하고
④ 왜냐하면

Q3. 기사의 내용에 맞게 빈칸을 채우세요.

> 지나친 다이어트는 건강에 (　　　) 있기 때문에 전문가들은 이를 지적하고 있습니다.

① 이로울 수
② 불쾌할 수
③ 유해할 수
④ 유익할 수

NEWS #14

사회 / Social

NOVEMBER 28, 2014

경매에 출품되는 노벨상 메달

노벨상의 가격은 얼마일까요? DNA의 구조를 밝힌 미국의 과학자 제임스 왓슨이 얼마 전 자신이 받은 노벨상의 메달을 경매에 내놓았습니다. 생존 중인 노벨상 수상자의 메달이 경매에 나온 것은 처음 있는 일입니다. 왓슨은 경매를 통해 얻는 수익의 일부를 과학 연구 지원을 위해서 기부할 예정이라고 말했습니다. 이 노벨상 메달은 12월 4일에 뉴욕에서 경매에 출품될 예정인데, 예상되는 낙찰 가격은 약 30억 원 수준입니다. 이번 경매에서는 메달 외에도, 왓슨이 노벨상 수락 연설을 준비하면서 직접 쓴 노트도 판매될 예정이라고 합니다.

STUDY NOTES

경매에 **출품되는** 노벨상 메달
(auction / to be entered (into an auction))

> Nobel Prize Medal to be Entered into an Auction

노벨상의 가격은 얼마일까요?

> How much will a Nobel Prize cost?

DNA의 **구조**를 밝힌 미국의 과학자 제임스 왓슨이 얼마 전 자신이 받은 노벨상의 메달을 경매에 내놓았습니다.
(structure)

> James Watson, an American scientist who discovered the structure of DNA, recently entered the Nobel Prize Medal that he had received into an auction.

생존 중인 노벨상 수상자의 메달이 경매에 나온 것은 처음 있는 일입니다.
(to be still living)

> It is the first time that the medal of a living Nobel Prize winner has been entered into an auction.

왓슨은 경매를 통해 얻는 **수익**의 일부를 **과학 연구 지원**을 위해서 **기부할** 예정이라고 말했습니다.
(profit / science / research / support / to donate)

> Watson said that he was planning to donate part of the profit that he would earn through the auction to support scientific research.

이 노벨상 메달은 12월 4일에 뉴욕에서 경매에 출품될 예정인데, **예상되는 낙찰** 가격은 약 30억원 **수준**입니다.
(to be expected/anticipated / successful bid/being auctioned off / level)

> This Nobel Prize medal is scheduled to be entered into an auction in New York on December 4, and it is expected to be auctioned off for approximately 3 billion won.

이번 경매에서는 메달 외에도, 왓슨이 노벨상 **수락 연설**을 준비하면서 **직접** 쓴 노트도 판매될 예정이라고 합니다.
(acceptance speech / in person/directly)

> In addition to the medal, it is said that the notes Watson himself wrote while preparing for his Nobel Prize acceptance speech will also be sold at the auction.

ONE-LINE SUMMARY

☞ 미국의 과학자 제임스 왓슨이 자신이 받은 노벨상 메달을 경매에 내놓았습니다.

EXERCISE QUIZ

Q1. 기사를 읽고 맞는 문장을 고르세요.

① 미국의 과학자 제임스 왓슨이 30억 원 수준의 노벨상 메달을 구입했습니다.
② 미국의 과학자 제임스 왓슨이 자신의 노벨상 메달을 경매에 내놓았습니다.
③ 미국의 과학자 제임스 왓슨이 내놓은 노벨상 메달이 30억 원에 낙찰되었습니다.
④ 미국의 과학자 제임스 왓슨이 직접 쓴 노트가 경매에서 판매되었습니다.

Q2. 내용에 알맞은 접속사를 고르세요.

> 미국의 과학자 제임스 왓슨은 자신의 노벨상 메달을 경매에 내놓았습니다. (　　　) 자신이 직접 쓴 노트도 판매할 예정입니다.

① 하지만
② 그럼에도 불구하고
③ 또한
④ 그렇기 때문에

Q3. 기사의 내용에 맞게 빈칸을 채우세요.

> 제임스 왓슨은 자신이 받은 노벨상을 경매에 내놓고, 수익의 일부를 기부할 (　　　)입니다.

① 계획
② 경험
③ 상상
④ 추측

NEWS #15

사회 / Social

Track #15

DECEMBER 2, 2014

일본에서 백만 명 이상의
콘서트 관객을 동원한 빅뱅

한국의 가수들 중에는 일본이나 중국에 가서 활동 범위를 넓히고 있는 가수들이 많이 있습니다. 그중 빅뱅이 올해 일본에서 한국 가수 중에 가장 많은 콘서트 관객을 동원했다고 합니다. 올해 빅뱅은 일본에서 29회의 콘서트를 가졌는데, 총 92만 명이 빅뱅의 콘서트장을 찾았습니다. 빅뱅보다 더 많은 콘서트 관객을 동원한 밴드는 일본의 '엑자일 트라이브'라는 밴드로, 1백만 명 이상의 팬들이 콘서트에 다녀갔다고 합니다. 빅뱅의 멤버 중 대성은 올해 D-Lite라는 이름으로 일본에서 솔로 활동을 시작했는데, 15회의 콘서트에 17만 명이 다녀갔습니다. 이 숫자까지 합치면 빅뱅은 일본에서 총 110만 명의 팬을 콘서트에 동원해, 약 1,100억 원의 콘서트 티켓 매출을 기록했습니다.

STUDY NOTES

일본에서 백만 명 이상의 콘서트 **관객**을 **동원한** 빅뱅
audience / to mobilize/to get (audience)

> Big Bang Draws More Than a Million Concert-Goers in Japan

한국의 가수들 중에는 일본이나 중국에 가서 **활동 범위를 넓히고** 있는 가수들이 많이 있습니다.
activity / range / to broaden

> Among Korean singers, there are many singers who are broadening their activity range by going to Japan or China.

그중 빅뱅이 올해 일본에서 한국 가수 중에 가장 많은 콘서트 관객을 동원했다고 합니다.

> Further among them, Big Bang has drawn the biggest number of concert-goers in Japan amidst Korean singers this year.

올해 빅뱅은 일본에서 29**회**의 콘서트를 가졌는데, 총 92만 명이 빅뱅의 **콘서트장**을 **찾았**습니다.
counter for the number of events / concert hall / to visit/to look for

> Big Bang had 29 concerts this year in Japan, and a total of 920,000 people visited Big Bang's concert halls.

빅뱅보다 더 많은 콘서트 관객을 동원한 밴드는 일본의 '엑자일 트라이브'라는 밴드로, 1백만 명 이상의 팬들이 콘서트에 **다녀갔**다고 합니다.
to visit

> The band that drew more concert-goers than Big Bang is a Japanese band named Exile Tribe, and more than 1 million fans have reportedly visited their concerts.

빅뱅의 멤버 중 대성은 올해 D-Lite라는 이름으로 일본에서 솔로 활동을 시작했는데, 15회의 콘서트에 17만 명이 다녀갔습니다.

> Among the Big Bang members, Daesung started his solo activities in Japan this year under the name D-Lite, and 170,000 people went to his 15 concerts.

이 숫자까지 **합치**면 빅뱅은 일본에서 총 110만 명의 팬을 콘서트에 동원해, 약 1,100억 원의 콘서트 티켓 **매출**을 **기록했**습니다.
to combine / sales / to record

> With this figure combined, Big Bang drew a total of 1.1 million fans to their concerts, and recorded about 110 billion won in concert ticket sales.

ONE-LINE SUMMARY

☞ 그룹 빅뱅이 올해 일본에서 한국 가수로는 최다 관객을 동원한 것으로 나타났습니다.

EXERCISE QUIZ

Q1. 기사의 내용과 일치하는 문장을 고르세요.

① 빅뱅은 한국에서 가장 많은 콘서트 관객을 동원했습니다.
② 빅뱅은 일본에서 한국 가수 중에 가장 많은 콘서트 관객을 동원했습니다.
③ D-Lite는 일본에서 가장 많은 콘서트 관객을 동원했습니다.
④ '엑자일 트라이브'는 중국에서 1백만 명 이상의 팬들이 콘서트를 다녀갔습니다.

Q2. 내용에 알맞은 접속사를 고르세요.

> 빅뱅은 일본에서 인기가 아주 많습니다. (　　　) 일본에서 열린 콘서트에 총 110만 명의 팬들이 다녀갔습니다.

① 그렇지만　　② 그래서
③ 한편　　　④ 그런데

Q3. 기사의 핵심 내용을 고르세요.

> 빅뱅은 올해 일본에서 한국 가수 중에 (　　　) 콘서트 관객을 동원했습니다.

① 가장 많은 수의　　② 비교적 적은 수의
③ 사상 최소　　　　④ 살짝 모자란 수의

NEWS #16

사회 / Social

Track #16

DECEMBER 5, 2014

대학만큼 들어가기 어려운 유치원

서울시 교육청은 어제인 12월 4일부터 서울 시내에 있는 사립 유치원들의 입학 아동을 추첨을 통해 선발하기 시작했습니다. 그런데 학부모들이 유치원에 입학 원서를 접수할 때 거주지를 기반으로 지원해야 하고, 여러 유치원들이 하나로 묶여 있는 그룹 내에서 유치원 한 곳에만 지원해야 하기 때문에 많은 학부모들이 불만을 표시하고 있습니다. 한 그룹 내에서 중복 지원을 할 경우, 이것이 적발되면 추후에 입학을 취소하겠다는 것이 서울시 교육청의 방침입니다. 하지만 아이를 보내고 싶은 유치원이 모두 한 그룹에 속해 있는 경우, 부모 이름을 바꾸거나 생일을 음력으로 표시하는 방법으로 중복 지원을 하는 사람들이 많습니다. 일부 학부모들은 유치원 입학이 대학교 입학만큼 어렵다고 이야기합니다.

53

STUDY NOTES

대학만큼 **들어가기 어려운 유치원**
(university) (to enter) (to be hard) (kindergarten)

Kindergartens Are as Hard to Enter as Universities

서울시 **교육청**은 **어제**인 12월 4일부터 서울 시내에 있는
(Office of Education) (yesterday)

사립 유치원들의 **입학 아동**을 **추첨**을 통해
(private (as opposed to state-run)) (admission to school) (child) (draw/lot)

선발하기 시작했습니다.
(to single out/to pick)

On December 4, which was yesterday, the Seoul Office of Education started to pick children based on a random draw to be admitted into private kindergartens within Seoul.

그런데 **학부모**들이 유치원에 입학 **원서**를 **접수**할 때
(parents of students) (application paper) (to register)

거주지를 기반으로 지원해야 하고, 여러 유치원들이
(residence/abode)

하나로 묶여 있는 그룹 내에서 유치원 한 곳에만 지원해야

하기 때문에 많은 학부모들이 불만을 **표시**하고 있습니다.
(to display)

But when the parents of students register admission papers at kindergartens, they have to apply based on their residential location, and they have to apply for only one kindergarten out of a group with many kindergartens combined, so a lot of parents are complaining.

한 그룹 내에서 **중복** 지원을 할 경우, 이것이 **적발되면 추후**에
(duplication) (to be caught/to be uncovered) (later)

입학을 **취소**하겠다는 것이 서울시 교육청의 **방침**입니다.
(to cancel) (policy)

If they are caught applying for multiple places in one group, it is the policy of the Office of Education to cancel the admission later on.

하지만 아이를 보내고 싶은 유치원이 모두 한 그룹에

속해 있는 경우, 부모 이름을 바꾸거나 생일을 **음력**으로
(to belong to) (lunar calendar)

표시하는 **방법**으로 중복 지원을 하는 사람들이 많습니다.
(to display) (method)

However if all the kindergartens that parents send their children to belong to one group, there are many people who apply to multiple places by changing the parents' names or writing the children's birthdays using lunar calendar dates.

일부 학부모들은 유치원 입학이 대학교 입학만큼 **어렵다**고
(part) (to be difficult)

이야기합니다.
(to tell/to say)

Some parents say that entering kindergarten is as difficult as entering college.

ONE-LINE SUMMARY

☞ 서울시 교육청이 유치원 중복 지원을 제한하는 방침을 내놓자 많은 학부모들이 불만을 표시하고 있습니다.

EXERCISE QUIZ

Q1. 어떤 이야기를 하고 있나요?

① 사립 유치원에 들어가고 싶어 하는 사람들이 많다.
② 가고 싶은 유치원에 입학하는 것이 힘들다.
③ 가고 싶은 유치원에 들어가려면 많이 기다려야 한다.
④ 사립 유치원의 시설이 좋다.

Q2. 기사의 내용에 맞게 빈칸을 채우세요.

> 좋은 유치원에 아이를 보내기 위해 부모들은 편법을 써서 (　　　) 지원을 하기도 합니다.

① 편법　　　　　　② 이중
③ 단일　　　　　　④ 복합

Q3. 기사에 따르면 부모들은 왜 유치원 입학이 대학교 입학만큼 어렵다고 이야기했습니까?

① 유치원 입학 시험이 대입 시험만큼 어렵기 때문에
② 추첨 방식을 통해 입학할 경우 보내고 싶은 유치원에 입학할 확률이 적기 때문에
③ 유치원에 입학하려면 공부를 열심히 해야 하기 때문에
④ 유치원 등록금이 너무 비싸기 때문에

NEWS #17

사회 / Social

Track #17

DECEMBER 8, 2014

애플을 상대로 승소한 아이폰 사용자

국내의 한 아이폰 사용자가 애플 사를 상대로 낸 소송에서 최근 승소했습니다. 2012년 12월 초, 오원국 씨는 아이폰 5를 구입한 뒤 1년 뒤에 배터리에 이상이 생겨 수리 업체를 찾아갔습니다. 그런데 수리 업체에서는 오원국 씨에게 "수리가 어려우니 34만 원을 내고 리퍼폰을 받아 가라"고 답변했습니다. 오 씨는 34만 원이라는 추가 비용이 너무 부담스러워서 그냥 수리를 하지 않을 테니 자신의 휴대전화를 돌려달라고 요청했습니다. 하지만 애플 사에서는 "정책상 휴대폰을 돌려줄 수 없다"고 말하며 거부했습니다. 애플 사에서는 지금까지 그냥 "방침대로 진행했다"는 입장을 ㈀고수했지만, 이번에 법원에서 소비자의 손을 들어주었기 때문에, 약관 변경 등의 조치가 이루어질지에 관심이 주목되고 있습니다. 오 씨의 청구 금액은 휴대폰 구입비 102만 7천 원과 손해배상금 50만 원을 더한 152만 7천 원이었습니다.

STUDY NOTES

애플을 상대로 승소한 아이폰 사용자
against/targeting / to win a lawsuit / user

iPhone User Wins Lawsuit Against Apple

국내의 한 아이폰 사용자가 애플 사를 상대로 낸 **소송**에서 최근 승소했습니다.
domestic / lawsuit

One iPhone user in Korea has recently won a lawsuit against Apple.

2012년 12월 초, 오원국 씨는 아이폰 5를 **구입**한 뒤 1년 뒤에 배터리에 **이상**이 생겨 **수리 업체**를 찾아갔습니다.
to purchase / to malfunction/to have something wrong / repair company

In early December, 2012, Won-guk Oh bought an iPhone 5, and a year later, he went to a repair company because there was something wrong with the battery.

그런데 수리 업체에서는 오원국 씨에게 "수리가 어려우니 34만 원을 내고 **리퍼폰**을 받아 가라"로 답변했습니다.
refurbished phone

But the repair company replied to Mr. Oh saying that "the repair can't be done, so pay 340,000 won and get a refurbished phone."

오 씨는 34만 원이라는 **추가 비용**이 너무 **부담스러워서** 그냥 수리를 하지 않을 테니 자신의 **휴대 전화**를 **돌려달라**고 **요청**했습니다.
extra cost / to be burdensome / portable phone/cellphone / to return an item / to request

Mr. Oh thought the extra cost of 340,000 won was too much of a burden, so he asked them to give him his phone back because he didn't want to get it repaired.

하지만 애플 사에서는 "**정책**상 휴대폰을 돌려줄 수 없다"고 말하며 **거부**했습니다.
policy / to refuse

However Apple refused by saying that "We can't return your phone because of our policies."

애플 사에서는 지금까지 그냥 "**방침**대로 **진행했다**"는 **입장을 고수**했지만, 이번에 **법원**에서 소비자의 **손을 들어주었기** 때문에, **약관 변경** 등의 조치가 이루어질지에 **관심이 주목되고** 있습니다.
policy / to proceed / to cling to one's position / court of law / to take someone's side / terms / change/modification / to receive attention

So far, Apple clung to their position saying that "they just followed their policy", but since the court took the consumer's side this time, attention is being drawn to whether there will be further measures taken such as a modification of terms.

오 씨의 **청구 금액**은 휴대폰 **구입비** 102만 7천 원과 **손해배상금** 50만 원을 더한 152만 7천 원이었습니다.
charged amount / cost of purchase / compensation for damage

The amount that Mr. Oh charged Apple was 1,527,000 won, which combined the cellphone purchase cost of 1,027,000 won and the damage compensation of 500,000 won.

ONE-LINE SUMMARY

☞ 국내의 한 아이폰 사용자가 애플 사를 상대로 낸 소송에서 승소했습니다.

EXERCISE QUIZ

Q1. 내용에 알맞은 접속사를 고르세요.

> 오원국 씨는 아이폰 5에 문제가 생겨 애플을 상대로 소송을 냈습니다. (　　　) 법원은 오원국 씨의 손을 들어주었습니다.

① 결국　　　　　　　　　　② 그런데
③ 그러니까　　　　　　　　④ 그러한 이유로

Q2. (ㄱ)과 바꿔 쓸 수 있는 말을 고르세요.

① 수고했지만　　　　　　　② 내비쳤지만
③ 유지했지만　　　　　　　④ 확신했지만

Q3. 어떤 이야기를 하고 있나요?

① 국내의 한 아이폰 사용자가 애플의 약관을 변경했다.
② 국내의 한 아이폰 사용자가 돈이 필요해 애플 사를 상대로 낸 소송에서 승소했다.
③ 국내의 한 아이폰 사용자는 수리비가 부담스러워 리퍼폰을 받았다.
④ 국내의 한 아이폰 사용자가 애플 사를 상대로 소송을 냈고, 승소했다.

NEWS #18

과학 / Science

DECEMBER 12, 2014

잃은 시력을 회복시켜 주는 실험 성공

미국 캘리포니아대학 연구진은 최근 시력을 잃은 동물들을 대상으로 실험을 실시한 결과, 시력을 부분적으로 회복시키는 데에 성공했다고 합니다. 동물의 눈에는 빛을 받아들이는 역할을 하는 수용체가 있는데, 수용체가 손상되거나 유전적으로 결함이 있을 경우 시력을 잃게 됩니다. 연구진은 쥐를 이용해 실험한 이번 연구를 통해서, 망막 세포에 빛을 감지할 수 있는 기능을 회복시켜 주는 화학 물질을 유전자에 주입했습니다. 그 결과, 시력을 잃었다가 치료를 받은 쥐는, 시력에 문제가 없는 일반 쥐 수준으로 다시 앞을 보게 되었다고 합니다. 이 연구진은 개를 대상으로도 실험해서 시력 회복에 성공하였는데, 개의 망막이 인간의 망막과 매우 유사해서, 인간의 시력 회복에도 이 연구가 도움이 될 수 있을 것이라고 말했습니다.

STUDY NOTES

잃은 시력을 **회복시켜** 주는 **실험 성공**
to lose sight/vision — to restore — experiment success

Experiments on the Recovery of Lost Sight a Success

미국 캘리포니아대학 **연구진**은 최근 시력을 잃은 동물들을 대상으로 실험을 **실시한** 결과, 시력을 **부분적으로** 회복시키는 데에 **성공했다**고 합니다.
research team — to carry out/to implement — partially — succeed

A research team at the University of California, USA, recently conducted experiments on animals that had lost sight, and as a result, they reportedly succeeded in partially restoring the animals' vision.

동물의 눈에는 빛을 **받아들이는** 역할을 하는 **수용체**가 있는데, 수용체가 **손상되거나 유전적으로 결함**이 있을 경우 시력을 잃게 됩니다.
to accept/to receive — receptor — to be damaged — genetically — flaw/fault/defect

In the eyes of animals, there are receptors that have the role of receiving light, and if the receptors are damaged or genetically defective, the animal ends up losing its vision.

연구진은 쥐를 이용해 실험한 이번 연구를 통해서, **망막 세포**에 빛을 **감지할** 수 있는 **기능**을 회복시켜 주는 **화학 물질**을 **유전자**에 **주입했습니다**.
retina — cell — to sense — function — chemical substance — gene — to insert

Through this research, which experimented on mice, the research team inserted a chemical substance that restores the retina cells' function to sense light into their genes.

그 결과, 시력을 잃었다가 **치료를 받은** 쥐는, 시력에 문제가 없는 **일반** 쥐 수준으로 다시 **앞을 보게** 되었다고 합니다.
to receive medical treatment — regular/average — to see/to have sight

As a result, the mice that lost their sight and got treatment were able to see again at the same level as normal mice that did not have any problems with their vision.

이 연구진은 개를 대상으로도 실험해서 시력 회복에 성공하였는데, 개의 망막이 인간의 망막과 매우 **유사해서**, 인간의 시력 **회복**에도 이 연구가 도움이 될 수 있을 것이라고 말했습니다.
to be similar — recovery

This research team also experimented on dogs and succeeded in restoring their vision, and since a dog's retina and a human retina are very similar, they said that this research could also be helpful in restoring human vision.

ONE-LINE SUMMARY

☞ 미국 캘리포니아대학 연구진이 시력을 잃은 동물들을 대상으로 실험을 한 결과, 시력이 부분적으로 회복되는 결과를 얻는 데 성공했습니다.

EXERCISE QUIZ

Q1. 기사의 핵심 내용을 고르세요.

① 시력을 잃은 동물들을 위한 봉사 활동을 했다.
② 시력을 잃은 동물들의 시력을 모두 회복시켜 줘야 한다.
③ 시력을 잃은 동물들을 대상으로 한 실험에서 성공적인 결과를 이끌어 냈다.
④ 시력을 잃은 사람들을 대상으로 한 실험에서 성공적인 결과를 이끌어 냈다.

Q2. 기사의 내용에 맞게 빈칸을 채우세요.

> 연구진은 인간의 망막은 개의 망막과 매우 (　　　), 인간의 시력도 수술로 회복시킬 수 있을 것이라고 말했습니다.

① 상이해서　　　　　　　　② 흡사해서
③ 똑같아서　　　　　　　　④ 동일해서

Q3. 기사를 읽고 맞는 문장을 고르세요.

① 미국 캘리포니아 대학 연구진은 최근 청력을 잃은 동물들을 대상으로 실험했습니다.
② 수용체에 유전적으로 결함이 있을 때만 시력을 잃게 됩니다.
③ 쥐를 대상으로 실험한 결과 거의 완벽하게 시력을 회복했습니다.
④ 동물들을 대상으로 한 실험을 성공하였지만 인간에게는 적용할 수 없습니다.

NEWS #19

사회 / Social

Track #19

DECEMBER 16, 2014

택시가 승차 거부하면 20만 원 벌금

연말이 되면서 외부에서 가족이나 지인들과 모임을 갖는 사람들이 많아지고 있습니다. 그런데 이들이 귀가할 때 택시를 잡는 데에 어려움을 겪는 경우가 많습니다. 단순히 빈 택시가 없어서뿐만은 아니고, 일부 택시 기사들이 승차 거부를 하기 때문입니다. 택시 기사들이 승차 거부를 하는 이유는, 너무 가까운 거리에 가는 손님 대신 멀리까지 가는 손님을 찾고 싶어서인데, 승차 거부는 기본적으로 불법입니다. 지금까지는 승차 거부를 하다가 적발되었을 경우에 최초 위반인 경우에는 '경고'에 그쳤지만, 앞으로는 최초 위반에 대해서도 벌금 20만 원이 부과됩니다. 서울시의 택시 승차 거부 신고는 작년에 비해서 올해 38.9% 감소했지만, 일부 지역에서는 승차 거부가 여전히 계속되고 있어서, 정부에서 이번에 더 강력한 조치를 취하기로 했습니다. 연말 집중 단속을 위해서 12월 31일까지 서울시 공무원 120명과 경찰 277명이 투입될 예정입니다.

STUDY NOTES

택시가 **승차 거부**하면 20만 원 **벌금**
riding a vehicle — refusal/rejection — fine/penalty fee

200,000 Won Fine Imposed When Taxis Refuse to Take Passengers

연말이 되면서 **외부**에서 가족이나 **지인**들과 **모임**을 갖는 사람들이 많아지고 있습니다.
year-end — externally — acquaintance — gathering

As the year-end comes around, more and more people are having gatherings outside with their family or acquaintances.

그런데 이들이 **귀가할** 때 택시를 잡는 데에 **어려움을 겪는** 경우가 많습니다.
to go back home — to have a hard time

But they often have trouble getting a taxi when they go home.

단순히 빈 택시가 없어서뿐만은 아니고, 일부 택시 기사들이 승차 거부를 하기 때문입니다.
simply

This is not simply because there are no vacant taxis, but because some taxi drivers refuse to take passengers.

택시 기사들이 승차 거부를 하는 이유는, 너무 가까운 거리에 가는 손님 **대신** 멀리까지 가는 손님을 찾고 싶어서인데, 승차 거부는 **기본적으로 불법**입니다.
instead — basically — illegal

The reason that taxi drivers refuse to take customers is because they want to find customers that need to go far away rather than a place too close, but refusing to take passengers is basically illegal.

지금까지는 승차 거부를 하다가 **적발되었을** 경우에 **최초 위반**인 경우에는 '**경고**'에 **그쳤지만**, 앞으로는 최초 위반에 대해서도 벌금 20만 원이 **부과됩**니다.
so far — to be busted/to be caught — first-time — violation of a law — warning — to be only — to be imposed

Until now when a taxi driver got caught refusing to take passengers and it was their first such violation, they only got a 'warning', but from now on, a 200,000 won fine will be imposed even on first-time violations.

서울시의 택시 승차 거부 **신고**는 작년에 비해서 올해 38.9% **감소했지만**, 일부 지역에서는 승차 거부가 **여전히 계속되고** 있어서, 정부에서 이번에 더 **강력한** 조치를 취하기로 했습니다.
report — to decrease — still — to continue — strong

Reports on taxis refusing to take passengers decreased by 38.9% this year compared to last year, but passenger refusal is still continuing to happen in some areas, so the government decided to take a stronger measure this time around.

연말 **집중 단속**을 위해서 12월 31일까지 서울시 **공무원** 120명과 **경찰** 277명이 **투입될** 예정입니다.
concentration — crackdown — government employee — police — to be deployed

For an intense crackdown, 120 Seoul city government officials and 277 police officers will be deployed until December 31.

ONE-LINE SUMMARY

☞ 앞으로 승차 거부를 하는 택시는 최초 적발이라도 벌금 20만 원을 물게 됩니다.

EXERCISE QUIZ

Q1. 어떤 이야기를 하고 있나요?

① 승차 거부를 하는 택시에 대해 엄격한 조치를 취해 왔습니다.
② 승차 거부를 하는 택시가 점점 많아지고 있습니다.
③ 승차 거부를 하는 택시가 많아서 사람들이 항의를 하고 있습니다.
④ 승차 거부를 하는 택시가 적발되면 벌금을 부과할 것입니다.

Q2. 기사의 내용에 맞게 빈칸을 채우세요.

> 일부 택시 기사들이 승차 거부를 합니다. (　　　) 사람들이 택시를 잡는 데에 어려움을 겪습니다.

① 그럼에도 불구하고　　　② 그런 줄도 모르고
③ 하지만　　　　　　　　④ 그렇기 때문에

Q3. 기사에 따르면 일부 택시 기사들은 왜 승차 거부를 합니까?

① 장거리 손님을 태우려고
② 가까운 곳에 가는 손님을 태우려고
③ 얼굴이 예쁜 손님을 태우려고
④ 손님들이 무료로 타려고 해서

NEWS #20

건강 / Health

DECEMBER 19, 2014

Track #20

감염자의 연령이
다양해지고 있는 대상포진

대상포진은 예전에는 주로 노인들에게 발병하는 질환으로 알려져 있었지만, 최근에는 연령에 관계 없이 환자가 증가하고 있습니다. 가톨릭대학교의 연구진은 최근 5천만 명 이상의 진료기록 자료를 분석한 결과, 1,000명당 10.4명이 대상포진에 걸린다고 말했습니다. 대상포진은 어릴 때 수두 바이러스가 수두를 일으킨 뒤 증상 없이 신경 주위에 남아 있다가, 이 바이러스에 대한 면역력이 약해졌을 때 심한 통증을 유발하는 병입니다. 따라서 대상포진은 계절과는 무관하게 생기는 질병이며, 주로 몸통이나 엉덩이에 생기지만, 얼굴, 팔, 다리 등 다양한 곳에서 발생할 수 있습니다. 연간 환자 수는 50대가 13만 명 이상으로 여전히 가장 많지만, 40대도 9만 명 이상, 30대도 6만 명 이상이 걸리고 있으며, 10대 미만도 약 1만 명 정도가 대상포진에 해마다 걸리고 있는 것으로 나타났습니다.

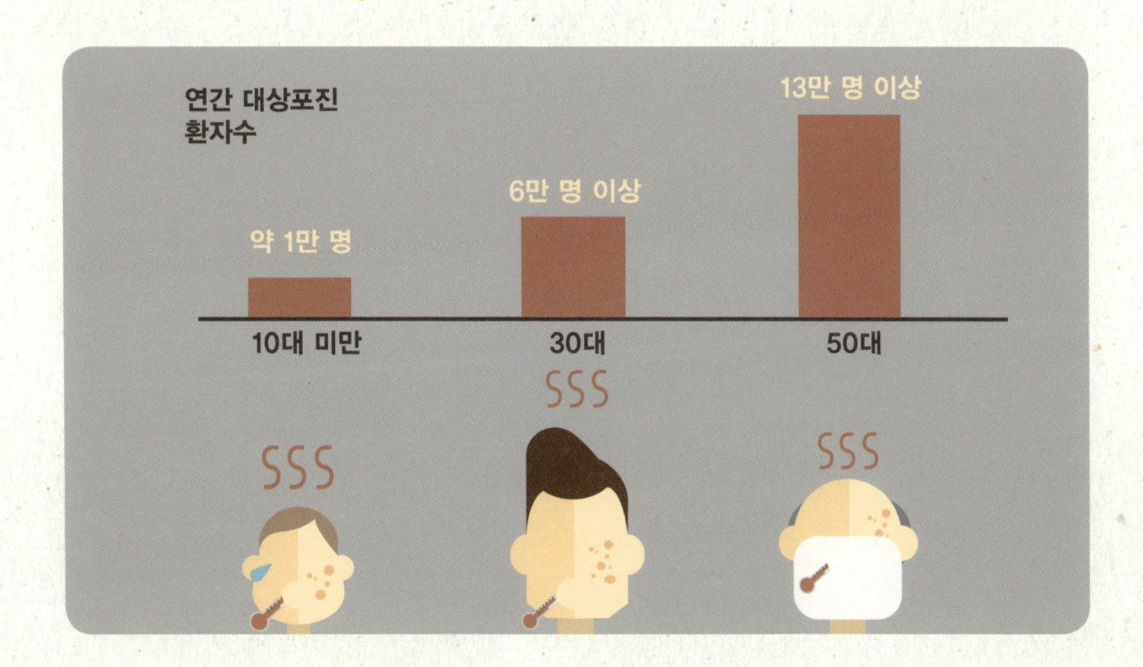

STUDY NOTES

감염자의 **연령**이 **다양해지고** 있는 **대상포진**

The Age of Shingles Patients Becomes More Diverse

대상포진은 예전에는 주로 **노인**들에게 **발병하**는 **질환**으로 알려져 있었지만, 최근에는 연령에 관계 없이 **환자**가 **증가**하고 있습니다.

Shingles was once known as a disease that happens mainly to old people, but recently, the number of patients is increasing regardless of their age.

가톨릭대학교의 **연구진**은 최근 5천만 명 이상의 **진료기록 자료**를 **분석**한 결과, 1000명당 10.4명이 대상포진에 **걸린다**고 말했습니다.

A research team at Catholic University said that according to a recently analyzed data of the medical treatment records of more than 50 million people, 10.4 out of every 1,000 people get infected with shingles.

대상포진은 어릴 때 **수두** 바이러스가 수두를 일으킨 뒤 **증상** 없이 **신경** 주위에 남아 있다가, 이 바이러스에 대한 **면역력**이 약해졌을 때 **심한 통증**을 **유발하**는 병입니다.

Shingles is a disease that happens when the chickenpox virus remains around the nerves without any symptoms after breaking out during the patient's childhood, and causes severe pain when the immunity for this disease becomes weak.

따라서 대상포진은 **계절**과는 무관하게 생기는 질병이며, 주로 **몸통**이나 엉덩이에 생기지만, 얼굴, 팔, 다리 등 다양한 곳에서 발생할 수 있습니다.

Therefore, shingles is a disease that happens regardless of the season, and although it usually occurs around the torso or buttocks, it can occur on various spots such as the face, the arms, or the legs.

연간 환자 수는 50대가 13만 명 이상으로 여전히 가장 많지만, 40대도 9만 명 이상, 30대도 6만 명 이상이 걸리고 있으며, 10대 미만도 약 1만 명 정도가 대상포진에 **해마다** 걸리고 있는 것으로 나타났습니다.

People in their 50s still have the largest total number of patients in a year, with more than 130,000 people, but it turned out that more than 90,000 people in their 40s and more than 60,000 people in their 30s are getting shingles, and even for people younger than 10 years old, about 10,000 of them are getting shingles each year.

ONE-LINE SUMMARY

☞ 주로 노인들에게 발병하는 질환으로 알려진 대상포진이 최근 연령에 상관없이 환자가 증가하고 있습니다.

EXERCISE QUIZ

Q1. 내용에 알맞은 접속사를 고르세요.

> 대상포진은 주로 노인들에게 발병하는 질환입니다. (   ) 요즘에는 연령에 상관 없이 환자가 증가하고 있습니다.

① 그래서　　　　　　　　　　② 마찬가지로
③ 그렇기 때문에　　　　　　　④ 하지만

Q2. 기사 내용과 일치하는 문장을 고르세요.

① 대상포진은 오직 노인들에게만 발병하는 병입니다.
② 대상포진은 불치병입니다.
③ 대상포진은 몸의 다양한 부위에 발생할 수 있습니다.
④ 대상포진은 면역력이 강해도 발생합니다.

Q3. 기사에 따르면 대상포진 환자는 어느 나이 대가 가장 많습니까?

① 20대　　　　　　　　　　② 30대
③ 40대　　　　　　　　　　④ 50대

NEWS #21

생활 / Life

Track #21

DECEMBER 19, 2014

하루 평균 스마트폰 사용 시간은 3시간 39분

국내 한 연구소의 보고서에 따르면, 한국인은 하루에 스마트폰을 평균 219분 이용하는 것으로 드러났습니다. 2년 전인 2012년에는 평균 스마트폰 사용 시간이 91분이었는데, 지난 2년 동안 2.4배 증가했습니다. 연령대별로 나누어 보면, 20대는 하루 평균 281분 스마트폰을 이용하고, 10대 이하는 239분, 30대는 220분, 40대는 189분, 50대는 151분 동안 스마트폰을 이용하는 것으로 나타났습니다. 스마트폰을 이용해서 하는 활동을 분석해 보면, 15%의 시간은 모바일 웹서핑을 하는 데에 쓰였고, 85%는 소셜네트워크 서비스를 포함한 다양한 앱을 사용하는 데에 쓰였습니다. 일반적으로 게임을 가장 많이 하는 시간은 오후 7시부터 10시 사이였고, 모바일 쇼핑은 오전 11시에 집중되었다고 합니다. 그리고 음악과 영상 콘텐츠는 출퇴근 시간대에 이용을 가장 많이 하는 것으로 나타났습니다.

STUDY NOTES

하루 평균 스마트폰 사용 시간은 3시간 39분

국내 한 연구소의 보고서에 따르면, 한국인은 하루에 스마트폰을 평균 219분 이용하는 것으로 드러났습니다.

2년 전인 2012년에는 평균 스마트폰 사용 시간이 91분이었는데, 지난 2년 동안 2.4배 증가했습니다.

연령대별로 나누어 보면, 20대는 하루 평균 281분 스마트폰을 이용하고, 10대 이하는 239분, 30대는 220분, 40대는 189분, 50대는 151분 동안 스마트폰을 이용하는 것으로 나타났습니다.

스마트폰을 이용해서 하는 활동을 분석해 보면, 15%의 시간은 모바일 웹서핑을 하는 데에 쓰였고, 85%는 소셜네트워크 서비스를 포함한 다양한 앱을 사용하는 데에 쓰였습니다.

일반적으로 게임을 가장 많이 하는 시간은 오후 7시부터 10시 사이였고, 모바일 쇼핑은 오전 11시에 집중되었다고 합니다.

그리고 음악과 영상 콘텐츠는 출퇴근 시간대에 이용을 가장 많이 하는 것으로 나타났습니다.

Average Smartphone Usage Time Per Day is 3 Hours and 39 Minutes.

According to a report by a domestic research institute, it is revealed that Koreans use their smartphones for an average of 219 minutes a day.

2 years ago, in 2012, the average smartphone usage was 91 minutes, but it has increased 2.4 times over the past 2 years.

When it is divided by age groups, it turns out that people in their 20s use their smartphones for 281 minutes per day on average, teens or younger use them for 238 minutes, people in their 30s use them for 220 minutes, people in their 40s use them for 189 minutes, and people in their 50s use them for 151 minutes.

If you analyze the activities that people do while using their smartphones, 15% of the time is for web surfing, and 85% is for using various apps including social network services.

The hours when video games were played the most were between 7pm and 10pm, and mobile shopping was reportedly concentrated around 11am.

And it turned out that music and video contents are used the most during commuting hours.

ONE-LINE SUMMARY

☞ 한국인의 하루 평균 스마트폰 사용 시간은 평균 219분으로, 2년 전인 2012년보다 2.4배 증가했습니다. 연령대별로는 20대가 281분으로 가장 길었습니다.

EXERCISE QUIZ

Q1. 어떤 이야기를 하고 있나요?

① 한국인의 스마트폰 사용
② 한국인의 모바일 쇼핑
③ 한국인의 다양한 앱 사용
④ 한국인의 스마트폰 사용 시간 줄이기

Q2. 기사를 읽고 맞는 문장을 고르세요.

① 한국인은 하루에 스마트폰을 평균 100분 정도 사용합니다.
② 한국인 중 스마트폰을 가장 많이 이용하는 연령대는 20대입니다.
③ 한국인은 스마트폰으로 게임을 가장 많이 합니다.
④ 한국인은 출퇴근 시간에 스마트폰을 가장 많이 이용합니다.

Q3. 기사에 따르면 오후 9시에 스마트폰 이용자들이 많이 하는 활동은 무엇입니까?

① 음악 듣기
② 영상 보기
③ 웹서핑 하기
④ 게임 하기

NEWS #22

사회 / Social

Track #22
DECEMBER 23, 2014

사양길로 접어드는 종이 달력

연말이면 어김없이 등장하던 종이 달력이 사라지고 있습니다. 그로 인해 달력 제작으로 근근이 생계를 이어 가던 충무로 인쇄 골목 업주들의 근심도 해가 거듭될수록 쌓여가고 있습니다. 달력 주문 건수는 한창 잘될 때와 비교하여 90% 이상 줄었으며, 건당 찍는 부수도 1,000부 이상에서 100개 내외로 떨어진 상태입니다. 달력뿐 아니라 명함, 연하장, 상패 주문량도 작년에 비해 30% 넘게 줄어 뚜렷한 감소 추세를 보이고 있습니다. 스마트폰과 같은 IT 기기 보편화로 이와 같은 수요 감소는 불가피한 듯 보입니다. 세월호 참사 후 기업들이 행사를 자제하는 분위기가 조성되면서 주문이 더욱 감소해 충무로 인쇄 골목의 인쇄 업소들은 하나둘씩 동네를 떠나가고 있습니다.

STUDY NOTES

사양길로 접어드는 종이 달력
be on the decline / paper calendar

Paper Calendars on the Decline

연말이면 **어김없이 등장**하던 종이 달력이 **사라지고** 있습니다.
year-end / without fail / to appear / to disappear

Paper calendars, which used to appear without fail around the year-end, are now disappearing.

그로 인해 달력 **제작**으로 **근근이 생계를 이어 가던**
as a result / production / to scrape by/to barely manage to make a living

충무로 인쇄 골목 업주들의 **근심**도
printing / alley / business owner / worry/concern

해가 거듭 될수록 쌓여가고 있습니다.
from one year to another / to be piled up

As a result, business owners in the Chungmuro printing alley, who used to scrape by through calendar production, are more and more worried year after year.

달력 **주문 건수**는 **한창 잘될 때**와 **비교**하여 90% 이상
number of orders / in one's prime time / to compare

줄었으며, 건당 찍는 **부수**도 1,000부 이상 에서 100개 **내외**로
to reduce / per case/per item / number of pages or books / approximately

떨어진 상태입니다.
to drop / state

The amount of calendar orders has dropped by more than 90% compared to its prime time, and the number of copies per order has also dropped from more than 1,000 copies to around 100 copies.

달력뿐 아니라 **명함, 연하장, 상패 주문량**도 작년에 비해
business card / new year's card / amount of orders / plaque/prize

30% 넘게 줄어 **뚜렷한 감소 추세**를 보이고 있습니다.
distinct / decrease / trend/tendency

Not only calendar orders, but also the orders of business cards, new year's cards and prize plaques have decreased by more than 30% compared to last year, showing a distinct decreasing trend.

스마트폰과 같은 IT 기기 **보편화**로 이와 같은 **수요 감소**는
generalization / demand

불가피한 듯 보입니다.
to be inevitable

This kind of decrease in demand seems inevitable due to the universalization of IT devices such as smartphones.

세월호 **참사** 후 기업들이 **행사**를 **자제하는**
disaster/tragedy / event / to refrain from

분위기가 조성되면서 주문이 더욱 감소해 충무로 인쇄 골목의
an atmosphere is formed

인쇄 **업소**들은 **하나둘씩 동네**를 떠나가고 있습니다.
business / one by one / neighborhood

After the Sewol ferry tragedy, an atmosphere has been formed where companies are refraining from events in general, thus making orders decrease even more, so printing businesses in Chungmuro's printing alley are now leaving the neighborhood one by one.

ONE-LINE SUMMARY

☞ IT 기기의 보편화로 종이 달력이 사라지고 있습니다. 그로 인해 충무로 인쇄 골목의 인쇄 업소들이 하나둘씩 문을 닫고 있습니다.

EXERCISE QUIZ

Q1. 기사의 핵심 내용을 고르세요.

① 연말이면 어김없이 종이 달력이 등장합니다.
② 종이 달력을 찾는 사람들이 늘어나고 있습니다.
③ IT 기기가 보편화되면서 종이 달력의 주문이 갈수록 줄어들고 있습니다.
④ 종이 달력을 만드는 인쇄 업소들이 동네를 떠나가고 있습니다.

Q2. 내용과 알맞은 문장을 고르세요.

① 충무로 인쇄 골목 업주들의 걱정이 줄어들고 있습니다.
② 종이 달력 주문량 감소는 뚜렷하지만 명함이나 연하장의 주문량은 유지되고 있습니다.
③ 종이 달력 주문이 감소하고 있지만 그 뚜렷한 원인은 찾을 수 없습니다.
④ 종이 달력 주문이 90% 이상 줄어들어 인쇄 업소들이 하나둘씩 떠나가고 있습니다.

Q3. 기사의 내용에 맞게 빈칸을 채우세요.

> 종이 달력을 찾는 사람들이 (　　　) 인쇄 골목의 인쇄 업소들은 하나둘씩 동네를 떠나가고 있습니다.

① 늘어나면서　　　② 감소하면서
③ 많아지면서　　　④ 이사를 해서

NEWS #23

문화 / Culture

Track #23
DECEMBER 26, 2014

한국 영화, 이제 관객 수 1억 명 돌파는 거뜬

영화진흥위원회 영화관입장권 통합전산망에 따르면 23일 0시 기준으로 2014년도 한국 영화를 관람한 관객 수가 약 1억 20만 명을 기록했습니다. 2014년 최대 흥행작은 '명량'으로 1,761만 명, 극장 매출액 1,357억 원을 기록했습니다. 여름 시즌 가족 단위의 관객을 겨냥한 '해적: 바다로 간 산적'이 867만 명을 동원하며 흥행했고, 866만 명을 기록한 '수상한 그녀'와 569만 명을 동원한 '변호인' 또한 연초 좋은 성적을 거두면서 한국 영화 관객 수 1억 명 돌파를 견인했습니다. 이처럼 다양한 연령층이 소비할 수 있는 작품들의 흥행이 주 요인으로 작용한 것으로 보입니다. 현재 2014년 한국 영화 점유율은 48.9%를 기록 중이며, 1인당 한국 영화를 관람한 평균 관람 횟수는 1.95회로 지난해에 이어 3년 연속 1인당 2회를 넘어설 전망입니다.

1,700만 — 명량
860만 — 해적 바다로 간 산적
1,100만 — 변호인

STUDY NOTES

한국 영화, 이제 관객 수 1억 명 돌파는 거뜬

Korean Movies Now Easily Surpass 100 Million Viewers

영화진흥위원회 영화관입장권 통합전산망에 따르면 23일 0시 기준으로 2014년도 한국 영화를 관람한 관객 수가 약 1억 20만 명을 기록했습니다.

According to the Consolidated Computer Network for Cinema Tickets of the Korean Film Council, as of 12AM, December 23, the number of audiences that watched Korean movies in 2014 was recorded to be about 100,200,000 people.

2014년 최대 흥행작은 '명량'으로 1,761만 명, 극장 매출액 1,357억 원을 기록했습니다.

The biggest box office hit of 2014 was 'Roaring Currents', recording 17.61 million viewers and 135.7 billion won in movie theatre ticket sales.

여름 시즌 가족 단위의 관객을 겨냥한 '해적: 바다로 간 산적'이 867만 명을 동원하며 흥행했고, 866만 명을 기록한 '수상한 그녀'와 569만 명을 동원한 '변호인' 또한 연초 좋은 성적을 거두면서 한국 영화 관객 수 1억 명 돌파를 견인했습니다.

'The Pirates', which targeted family audiences in the summer season became successful by attracting 8.67 million viewers. 'Miss Granny', which recorded 5.69 million viewers, and 'The Attorney', which attracted 5.69 million viewers, were also successful in early 2014 and led the breakthrough of the 100-million-viewers mark for Korean movies.

이처럼 다양한 연령층이 소비할 수 있는 작품들의 흥행이 주 요인으로 작용한 것으로 보입니다.

The fact that various age groups could consume these movies seems to have worked as the main cause for success.

현재 2014년 한국 영화 점유율은 48.9%를 기록 중이며, 1인당 한국 영화를 관람한 평균 관람 횟수는 1.95회로 지난해에 이어 3년 연속 1인당 2회를 넘어설 전망입니다.

The market share of Korean movies in 2014 is at 48.9% now, and the number of times that people watched a Korean movie is 1.95 per person, so it is expected to surpass the 2-times-per-person mark for the next three years in a row.

ONE-LINE SUMMARY

☞ 2014년도 한국 영화를 관람한 관객 수가 약 1억 20만 명을 기록하였습니다.

EXERCISE QUIZ

Q1. 어떤 이야기를 하고 있나요?

① 한국 영화가 재미있다.
② 한국 영화를 봐야 한다.
③ 한국 영화가 많은 관객을 동원하고 있다.
④ 한국 영화는 비싸다.

Q2. 기사의 내용에 맞게 빈칸을 채우세요.

> 2014년도 한국 영화들의 (　　　) 이어져 한국 영화를 관람한 관객 수가 약 1억 20만 명을 기록했습니다.

① 실패가　　　② 흥행이
③ 줄이　　　　④ 내용이

Q3. 내용에 알맞은 접속사를 고르세요.

> 다양한 연령층이 함께 즐길 수 있는 한국 영화가 많이 개봉했습니다. (　　　) 한국 영화 관람객 수가 크게 증가했습니다.

① 하지만　　　② 그럼에도 불구하고
③ 그로 인해　　④ 그러다가

NEWS #24

생활 / Life

Track #24
30 DECEMBER, 2014

동안으로 보이게 만드는 식품 4가지

미국의 여성 매거진 '위민스 헬스'는 최근 외모를 어려 보이게 해 줄 수 있는 식품 4가지를 공개했습니다. 이 네 가지 식품은 모두 한국에서도 쉽게 구할 수 있는 식품으로, 잘 섭취하면 노화를 방지해 주어서 더 어려 보이게 만들어 준다고 합니다. 첫 번째 음식은 메이플 시럽으로, 메이플 시럽에는 항노화 성분이 함유되어 있을 뿐만 아니라, 면역력을 증진시켜 주는 아연도 들어 있습니다. 단, 메이플 시럽에는 설탕이 들어 있으니 조금만 섭취하는 것이 좋다고 합니다. 두 번째로 소개된 식품은 오이인데, 오이는 기억 장애를 방지해 주고, 근육과 관절, 연골에도 좋다고 합니다. 그 외에도 코코넛 오일은 피부에 바르면 피부 보습 효과가 상승하고, 식용 꽃은 심혈관계 질환의 발병 위험을 낮춰 주는 효과를 가지고 있다고 합니다.

STUDY NOTES

동안으로 **보이게 만드는 식품** 4가지
face that looks young · to look · food

4 Foods that Make You Look Young

미국의 여성 매거진 '위민스 헬스'는 **최근** 외모를 어려 보이게 해 줄 수 있는 식품 4가지를 **공개했**습니다.
recently · to reveal

U.S. magazine 'Women's Health' recently revealed four foods that can make you look young.

이 네 가지 식품은 모두 한국에서도 **쉽게 구할** 수 있는 식품으로, 잘 **섭취하면 노화를 방지해** 주어서 더 어려 보이게 만들어 준다고 합니다.
easily · to find · to consume/to take in · aging · to prevent

These four foods can all be found easily in Korea, and if you consume them well, they prevent aging and therefore make you look younger.

첫 번째 음식은 메이플 시럽으로, 메이플 시럽에는 **항노화 성분**이 **함유되**어 있을 뿐만 아니라, **면역력을 증진시켜** 주는 **아연**도 들어 있습니다.
anti-aging component · to be included · level of immunity · to enhance · zinc

The first food is maple syrup, which not only contains anti-aging elements but also has zinc; which boosts your level of immunity.

단, 메이플 시럽에는 **설탕**이 들어 있으니 조금만 섭취하는 것이 좋다고 합니다.
sugar

Since maple syrup has sugar in it, though, it is said that it is advisable to only eat a little bit.

두 번째로 **소개된** 식품은 오이인데, 오이는 **기억 장애를** 방지해 주고, **근육과 관절, 연골**에도 좋다고 합니다.
to be introduced · defects of memory · muscle · joint · cartilage

The second food introduced is cucumber, which reportedly prevents memory defects and is also good for muscles, joints and cartilages.

그 외에도 코코넛 오일은 **피부에 바르면** 피부 **보습** 효과가 **상승하고, 식용 꽃은 심혈관계 질환의 발병 위험을 낮춰** 주는 효과를 가지고 있다고 합니다.
skin · to apply/to spread · moisturizing · to increase · edible flower · cardiovascular disease · risk of disease · to lower

In addition to those, if you apply coconut oil on your skin, the skin's own moisturizing effect increases, and edible flowers are said to lower the risk of cardiovascular diseases.

ONE-LINE SUMMARY

☞ 미국의 여성 매거진 '위민스 헬스'가 소개한 '외모를 더 어려 보이게 만드는 식품 4가지'는 메이플 시럽, 오이, 코코넛 오일, 식용 꽃이었습니다.

EXERCISE QUIZ

Q1. 어떤 이야기를 하고 있나요?

① 외모를 어려 보이게 만들어야 한다.
② 설탕은 조금만 섭취해야 한다.
③ 외모를 어려 보이게 만들기 위한 식품 네 가지가 있다.
④ 메이플 시럽을 먹어야 어려진다.

Q2. 기사의 내용에 맞게 빈칸을 채우세요.

> 여성 매거진 '위민스 헬스'가 공개한 네 가지 식품들은 노화를 (   ) 주는 식품들이다.

① 증진시켜   ② 치료해
③ 예방해   ④ 응원해

Q3. '위민스 헬스'에 따르면, 심장병의 예방에 좋은 식품은 무엇입니까?

① 메이플 시럽
② 오이
③ 코코넛 오일
④ 식용 꽃

NEWS #25

과학 / Science

Track #25
30 DECEMBER, 2015

2억 2천만 년 전
'거대 공룡' 무덤 발견

약 2억 2천만 년 전 서식했던 자동차만 한 크기의 거대한 '괴물 도롱뇽'의 집단 무덤이 포르투갈에서 발견 됐습니다. 영국 에든버러대 연구진은 포르투갈 알가르브 지방에서 수백 마리의 양서류 뼈 화석 더미를 찾아냈다고 밝혔습니다. 이 화석은 이전에 발견된 적 없는 새로운 종으로, '메토포사우루스 알가르벤시스'라 명명되었습니다. 연구진에 따르면 이 양서류는 약 2억 2천만 년 전, 공룡이 지구를 지배하기 전인 트라이아스기 말기에 살았던 것으로 추정됩니다. 트라이아스기는 쥐라기 전, 중생대 중 첫 번째 기간입니다. 메토포사우루스 알가르벤시스의 몸 전체 길이는 2미터이며 수백 개의 날카로운 이빨이 있어 먹이 사슬의 정점에 있었을 것으로 보입니다. 하지만 이 종도 역시 기후 변화에 적응하지 못해 멸종된 것으로 추정됩니다. 기후 변화로 인해 호수 주변이 말라 갔지만 물가에서 물고기를 잡아먹으며 살아가던 메토포사우루스 알가르벤시스는 팔다리가 짧고 약해 물 깊숙한 곳으로 이동하지 못하면서 진퇴양난에 빠진 것으로 보입니다.

STUDY NOTES

2억 2천만 년 전 '거대 공룡' 무덤 발견
massive/gigantic dinosaur tomb/grave discovery/detection

| Gigantic 'Dinosaur Tomb' Discovered from 220 Million Years Ago |

약 2억 2천만 년 전 **서식했던** 자동차만 **한 크기**의 거대한 '괴물 **도롱뇽**'의 **집단** 무덤이 포르투갈에서 **발견됐습니다**.
to inhabit   as big as   size   salamander group   to be found

| A group tomb of massive car-sized 'dinosaur salamanders' that used to inhabit the Earth about 220 million years ago has been found in Portugal. |

영국 에든버러대 연구진은 포르투갈 알가르브 **지방**에서 **수백 마리**의 양서류 뼈 **화석 더미**를 **찾아냈다**고 밝혔습니다.
area/region   hundreds of (animals)   fossil pile/stack to find/to discover

| Researchers at the University of Edinburgh announced that they had found a stack of bone fossils that belonged to hundreds of salamanders in Algarve, Portugal. |

이 화석은 이전에 발견된 적 없는 **새로운 종**으로, '메토포사우루스 알가르벤시스'라 **명명되었습니다**.
new species   to be named

| These fossils are of a new species which has never been found before, and has been named 'Metoposaurus Algarvensis'. |

연구진에 따르면 이 양서류는 약 2억 2천만 년 전, 공룡이 **지구**를 **지배하기** 전인 트라이아스기 **말기**에 살았던 것으로 **추정됩니다**.
earth to rule/to govern   end (of)/last period   to be assumed

| According to the research team, it is assumed that these salamanders used to live in the late stage of Triassic; approximately 220 million years ago. |

트라이아스기는 쥐라기 전, 중생대 중 첫 번째 **기간**입니다.
period

| The Triassic period is the first period of the Mesozoic era, before the Jurassic period. |

메토포사우루스 알가르벤시스의 몸 **전체 길이**는 2미터이며 수백 개의 **날카로운 이빨**이 있어 **먹이 사슬**의 **정점**에 있었을 것으로 보입니다.
whole length   sharp teeth   food chain peak point

| The entire body length of a Metoposaurus Algarvensis reaches 2 meters, and they seem to have been on the top of the food chain having had hundreds of sharp teeth. |

하지만 이 종도 **역시 기후 변화**에 **적응하지** 못해 **멸종**된 것으로 추정됩니다.
of course climate change to adapt/to get used to   extinction

| However, this species is assumed to also have become extinct because they could not adapt to climate change. |

기후 변화로 인해 **호수 주변**이 **말라 갔지만 물가**에서 **물고기**를 **잡아먹으며 살아가던** 메토포사우루스 알가르벤시스는 팔다리가 짧고 약해 물 **깊숙한** 곳으로 **이동하지** 못하면서 **진퇴양난**에 **빠진** 것으로 보입니다.
lake surroundings/around to dry riverside   fish   to prey/to feed   to live   to be deep   to move (location)   catch-22 situation/not knowing what to do   to lapse into/to fall into

| It was getting dry around the lake due to climate change, but it seems that the Metoposaurus Algarvensis that lived by the waterside feeding on fish could not reach deep places in the water with its short, weak arms and legs, therefore falling into a catch-22 situation. |

ONE-LINE SUMMARY

☞ 약 2억 2천만 년 전 서식했던 거대한 공룡의 집단 무덤이 포르투갈에서 발견되었습니다.

EXERCISE QUIZ

Q1. 기사 내용과 일치하는 문장을 고르세요.

① 메토포사우루스 알가르벤시스는 약 2억 2천만 년 전 발견되었습니다.
② 메토포사우루스 알가르벤시스는 중생대 중 첫 번째 기간에 살았던 것으로 추정됩니다.
③ 메토포사우루스 알가르벤시스는 풀을 먹으며 살아갔습니다.
④ 메토포사우루스 알가르벤시스는 진퇴양난이라는 호수에 빠져 멸종되었습니다.

Q2. 기사에 따르면 메타포사우루스 알가르벤시스는 왜 멸종되었습니까?

① 주변 환경의 변화에 적응하지 못해서
② 호수 주변이 말라 목이 말라서
③ 수백 개의 날카로운 이빨에 찔려서
④ 물 깊숙한 곳에 빠져서

Q3. 내용에 알맞은 접속사를 고르세요.

> 메토포사우루스 알가르벤시스는 팔다리가 짧고 약했습니다. (　　) 기후 변화로 인해 호수 주변이 말라가자 물 깊숙한 곳으로 이동하지 못하고 멸종했습니다.

① 또한　　　　　　　　　　② 그래서
③ 그러자　　　　　　　　　④ 하지만

NEWS #26

사회 / Social

Track #26

JANUARY 6, 2015

서울시 범죄 우범 지역에서
클래식 음악 방송

서울시에서는 어둡고 인적이 드문 우범 지역 5곳을 선정해서, 클래식 음악을 방송함으로써 범죄를 예방하기로 했습니다. 이것은 서울시에서 처음으로 실시하는 것은 아니고, 외국에서도 시행된 사례가 많이 있다고 합니다. 영국 켄트 시의 한 지하보도는 사고가 많이 발생하는 곳이었지만, 클래식 음악을 튼 이후로는 범죄 행위가 한 건도 발생하지 않았습니다. 런던에서도 범죄가 자주 발생하는 지하철역에 클래식 음악을 튼 뒤로 강도나 승무원 공격, 기물 파손 등의 범죄가 많이 줄었다고 합니다. 서울시는 지난 5일 클래식 음악을 방송하기로 한 결정을 발표하며, 클래식 음악이 범죄 예방에 효과적인 이유로 3가지를 소개했습니다. 첫 번째 이유는 클래식 음악이 파괴적 충동을 완화하는 심리 안정 효과가 있다는 것이고, 두 번째 이유는 반사회적 청소년 대부분이 클래식 음악을 청취하는 것이 주변 친구들에게 멋져 보이지 않기 때문에 그 자리를 피할 것이라는 것입니다. 마지막으로 세 번째 이유는, 친숙하지 않다고 느끼는 음악을 들으면 도파민 생성이 억제되는 효과가 있기 때문이라고 서울시는 설명했습니다.

STUDY NOTES

서울시 **범죄 우범 지역**에서 클래식 음악 방송
crime   crime-ridden area/high crime area

> Seoul City to Broadcast Classical Music in High-Crime Areas

서울시에서는 **어둡고 인적이 드문** 우범 지역 5곳을 선정해서,
to be dark   to be off the beaten path
클래식 음악을 **방송함**으로써 범죄를 **예방하**기로 했습니다.
to broadcast   to prevent

> Seoul city government has decided to prevent crimes by selecting five high-crime areas that are dark and off the beaten path, and broadcasting classical music there.

이것은 서울시에서 처음으로 **실시하**는 것은 아니고,
to implement/to carry out
외국에서도 **시행된 사례**가 많이 있다고 합니다.
to be implemented   case/instance

> Seoul city is not the first place to implement this, and there were reportedly many cases like this in other countries.

영국 켄트 시의 한 **지하보도**는 사고가 많이 발생하는 곳이었지만,
underpass
클래식 **음악을 튼** 이후로는 범죄 행위가 한 **건**도 발생하지
to play music   counter for accidents and crimes
않았습니다.

> An underpass in Kent, England, was a place where a lot of incidents were happening, but ever since they played classical music there, no crime has been committed.

런던에서도 범죄가 자주 발생하는 지하철역에
클래식 음악을 튼 뒤로 **강도**나 **승무원 공격, 기물 파손**
robbery   crew member attack   vandalism
등의 범죄가 많이 **줄었**다고 합니다.
to decrease

> In London as well, in subway stations where unlawful acts were happening often, crimes such as robbery, crew member assault, and vandalism have reportedly decreased a lot ever since playing classical music.

서울시는 지난 5일 클래식 음악을 방송하기로 한 **결정**을
decision
발표하며, 클래식 음악이 범죄 예방에 **효과적인** 이유로
to be effective
3가지를 **소개했**습니다.
to introduce

> Seoul city announced its decision to broadcast classical music on December 5, and likewise introduced three reasons that classical music is effective towards crime prevention.

첫 번째 이유는 클래식 음악이 **파괴적 충동**을 **완화하는**
destructive   impulse   to alleviate
심리 안정 효과가 있다는 것이고, 두 번째 이유는 **반사회적**
psychology stability   *anti-social*
청소년 대부분이 클래식 음악을 **청취**하는 것이 **주변** 친구들에게
youth/adolescent   to listen (to music or broadcasting)   surrounding
멋져 보이지 않기 때문에 그 자리를 **피할** 것이라는 것입니다.
to avoid

> The first reason is that classical music has psychologically soothing effect that alleviates destructive impulses, and the second reason is that anti-social adolescents will avoid the spot since listening to classical music doesn't appear cool to their peers.

마지막으로 세 번째 이유는, **친숙하지** 않다고 느끼는 음악을
to be familiar
들으면 도파민 생성이 **억제되**는 효과가 있기 때문이라고
to be suppressed
서울시는 설명했습니다.

> Lastly, Seoul city explained that the third reason is because listening to music that you don't feel familiar with has the effect of suppressing the formation of dopamine.

ONE-LINE SUMMARY

☞ 서울시는 어둡고 인적이 드문 우범 지역 5곳을 선정하여 클래식 음악을 방송함으로써 범죄를 예방하기로 했습니다.

EXERCISE QUIZ

Q1. 서울시가 범죄 우범 지역에서 클래식 음악을 방송하는 이유로 알맞지 않은 것은 무엇입니까?

① 클래식 음악이 사람들에게 친숙하지 않다고 생각하기 때문에
② 심리를 안정시키는 효과가 있기 때문에
③ 불량 청소년들이 클래식 음악을 청취하는 것을 창피하다고 생각하기 때문에
④ 도파민 생성을 활성화시켜야 하기 때문에

Q2. 어떤 이야기를 하고 있나요?

① 클래식 음악을 방송하여 범죄를 줄일 것이다.
② 클래식 음악은 청소년들에게 좋지 않다.
③ 클래식 음악은 영국에서 많이 듣는다.
④ 클래식 음악은 친숙하다.

Q3. 기사의 내용에 맞게 빈칸을 채우세요.

> 서울시는 외국의 사례들(　　　) 범죄를 방지하기 위해 클래식 음악을 방송하기로 결정하였습니다.

① 또한　　　　　　　　　② 처럼
③ 과는 다르게　　　　　　④ 에도 불구하고

NEWS #27

과학 / Science|

Track #27

JANUARY 9, 2015

암의 대부분은 무작위로 발생, 유전으로 예측 힘들어

미국 존스홉킨스대학 연구진은 지난 2일 사이언스지에 암의 발병 원인에 대한 새로운 연구 결과를 발표했습니다. 이번 연구를 통해서 연구진은 31가지 종류의 암 중에서 22종이 세포 분열 과정에서 생긴 돌연변이로 인해 발생한다는 사실을 밝혔습니다. 흡연으로 인한 폐암을 포함한 9가지 종류의 암은 환경과 유전 인자가 함께 작용해 발생하는 것으로 드러났습니다. 따라서 암의 3분의 2는 세포 분열 과정에서 무작위로 발생하기 때문에 완전한 예방은 불가능하다는 것이 이번 연구의 결과입니다. 이번 연구를 이끈 크리스찬 토마세티 박사는 암의 완전한 예방은 불가능하다고 말하며, 가능한 한 빨리 발견해서 즉시 치료하는 것이 최상의 방법이라고 설명했습니다. 따라서 장기간 흡연을 하고도 암에 걸리지 않은 사람들은 암에 안 걸리는 좋은 유전자를 가져서가 아니라 운이 좋은 것일 뿐이라고, 연구에 참여한 다른 교수가 덧붙였습니다.

STUDY NOTES

암의 대부분은 무작위로 발생,
cancer / majority / randomly/by random / generation/occurrence

유전으로 예측 힘들어
hereditary transmission / prediction / to be difficult/impossible

> Most Cancers Occur at Random and Are Hard to Predict Based on Genes

미국 존스홉킨스대학 **연구진**은 지난 2일 사이언스지에
research team

암의 **발병** 원인에 대한 새로운 연구 결과를 발표했습니다.
attack of disease/occurrence of disease / cause/reason

> A research team at Johns Hopkins University published the results of a new research on the causes of cancer in Science Magazine on January 2.

이번 연구를 통해서 연구진은 31가지 **종류**의 암 중에서
kind/type

22종이 **세포 분열 과정**에서 생긴 **돌연변이**로 인해
cell division process / mutation

발생한다는 사실을 밝혔습니다.
to reveal

> Through this research, the research team discovered that 22 out of 31 types of cancers occur due to mutation in the process of cell division.

흡연으로 인한 **폐암**을 포함한 9가지 종류의 암은 **환경**과
smoking / lung cancer / environment

유전 인자가 함께 **작용해** 발생하는 것으로 드러났습니다.
genetic factor / to apply

> It turned out that 9 types of cancers, including lung cancer caused by smoking, occur due to a combination of environmental and genetic factors.

따라서 암의 3분의 2는 세포 분열 과정에서 무작위로

발생하기 때문에 **완전한 예방**은 **불가능하다**는 것이
complete/total / prevention / to be impossible

이번 연구의 결과입니다.

> So the result of this research is that two thirds of cancers occur at random in the process of cell division, therefore a complete prevention is impossible.

이번 연구를 **이끈** 크리스찬 토마세티 **박사**는 암의
to lead / Ph. D./doctor

완전한 예방은 불가능하다고 말하며, 가능한 한 빨리

발견해서 즉시 치료하는 것이 **최상**의 **방법**이라고 설명했습니다.
to discover/to find / to heal / immediately / best / method

> Doctor Cristian Tomasetti, who led this research, said that a complete prevention of cancer is impossible, and the best method is to find it as early as possible and cure it immediately.

따라서 **장기간** 흡연을 하고도 암에 걸리지 않은 사람들은
long-term

암에 안 걸리는 좋은 **유전자**를 가져서가 아니라 **운이 좋은**
gene / to be lucky

것일 뿐이라고, 연구에 참여한 다른 교수가 **덧붙였습니다**.
to add (to what was said before)

> Another professor who participated in the research added that therefore, it's not a matter of good genes for people who don't get cancer despite smoking for a long time, but rather they are just lucky.

ONE-LINE SUMMARY

☞ 미국 존스홉킨스대학 연구진은 대부분의 암은 무작위로 발생하기 때문에 완전한 예방이 불가능하다는 연구 결과를 발표했습니다.

EXERCISE QUIZ

Q1. 기사의 핵심 내용을 고르세요.

① 암에 안 걸리는 좋은 유전자의 작용이 중요하다.

② 암은 무작위로 발생할 확률이 높기 때문에 예방이 어렵다.

③ 암에 걸리지 않으려면 금연을 해야 한다.

④ 사람들이 암에 걸리지 않는 이유는 좋은 유전자 때문이다.

Q2. 내용에 알맞은 접속사를 고르세요.

> 연구진은 "암의 완전한 예방은 불가능(　　　) 가능한 한 빨리 발견하는 것이 좋다"고 말했습니다.

① 한 데 반해　　　　　② 함에도 불구하고

③ 하기 때문에　　　　　④ 하면서

Q3. 기사를 읽고 맞는 문장을 고르세요.

① 암의 3분의 1은 돌연변이로 인해 발생한다.

② 좋은 유전자를 가지는 것이 암을 예방하는 최선의 방법이다.

③ 운이 좋으면 모든 암을 다 예방할 수 있다.

④ 환경과 유전 인자가 함께 작용해 발생하는 암은 전체 암 종류의 3분의 1이다.

NEWS #28

사회 / Social

Track #28
JANUARY 13, 2015

한국에 진출한 가구 업체 이케아

지난해 12월, 세계 1위의 가구 기업인 이케아가 드디어 한국 시장에 상륙했습니다. 국내 1호점인 광명점에는 오픈 직후 엄청나게 많은 사람들이 몰려서 교통난이 발생하기 시작했고, 이케아 매장을 월 2회 의무적으로 휴업시켜야 한다고 주장하는 사람들도 생겨났습니다. 실제로 대형 마트들은 월 2회 의무 휴업을 하고 있습니다. 이케아 코리아에서는 지난 7일 매장 근처 교통난을 해소할 대책을 경기 광명시에 제출했습니다. 첫 번째 대책은 주차 시설 유료화입니다. 현재는 주차를 무료로 할 수 있지만, 앞으로는 3시간까지만 무료로 주차할 수 있고, 3시간이 지나면 제품 구입 영수증이 있는 사람들만 무료로 이용할 수 있습니다. 이케아 코리아는 또한 1,500대의 차량을 댈 수 있는 추가 주차 공간을 확보했다고 말했습니다. 일부에서는 국내 가구 업체들을 보호하기 위해서 이케아의 영업을 규제해야 한다는 주장을 하는 사람들도 있지만, 전문가들은 국내 업체 보호를 위한 규제는 국내 업체들의 경쟁력을 떨어뜨리는 결과를 낳을 것이라고 말합니다.

광명시

STUDY NOTES

한국에 진출한 가구 업체 이케아
to enter/to advance into — company / furniture

Furniture Company IKEA Enters Korea

지난해 12월, 세계 1위의 가구 기업인 이케아가 드디어 한국 시장에 상륙했습니다.
last year / finally / to land

In December last year, IKEA, the world's no. 1 furniture company, finally landed in the Korean market.

국내 1호점인 광명점에는 오픈 직후 엄청나게 많은 사람들이 몰려서 교통난이 발생하기 시작했고, 이케아 매장을 월 2회 의무적으로 휴업시켜야 한다고 주장하는 사람들도 생겨났습니다.
first branch/first store / right after / tremendously/very / to flock/to be swamped by / store/shop / obligatorily / to argue/to protest / closing for a certain period

Right after the opening of the store in Gwangmyeong, which is their first branch in Korea, a tremendous number of people swamped the place and caused a traffic jam, and there are even people who argue against the IKEA store's two days of obligatory closing each month now.

실제로 대형 마트들은 월 2회 의무 휴업을 하고 있습니다.
supermarket

Supermarkets are actually closed for two days a month as an obligation.

이케아 코리아에서는 지난 7일 매장 근처 교통난을 해소할 대책을 경기 광명시에 제출했습니다.
to resolve (an issue) / measure/solution / to submit

IKEA Korea submitted measures to resolve the traffic jam near the store, on January 7.

첫 번째 대책은 주차 시설 유료화입니다.
parking / facility / starting to charge

The first measure is to charge for parking facilities.

현재는 주차를 무료로 할 수 있지만, 앞으로는 3시간까지만 무료로 주차할 수 있고, 3시간이 지나면 제품 구입 영수증이 있는 사람들만 무료로 이용할 수 있습니다.
product / purchase / receipt

Right now, there is free parking, but from now on, parking is only free for up to three hours, and beyond that time, only the people who have a receipt of a product purchase can park for free.

이케아 코리아는 또한 1,500대의 차량을 댈 수 있는 추가 주차 공간을 확보했다고 말했습니다.
counter for cars / vehicle / to park (a car) / additional / to secure/to set aside

IKEA Korea also said that they had secured additional parking space to enable parking for a further 1,500 cars.

일부에서는 국내 가구 업체들을 보호하기 위해서 이케아의 영업을 규제해야 한다는 주장을 하는 사람들도 있지만, 전문가들은 국내 업체 보호를 위한 규제는 국내 업체들의 경쟁력을 떨어뜨리는 결과를 낳을 것이라고 말합니다.
to protect / business/operation / to regulate/restrict / competitiveness / to reduce/to drop

Although there are some people who claim that (the government) should regulate the operation of IKEA in order to protect domestic furniture companies, experts say that regulations for the sake of protecting domestic firms will result in reducing domestic competitiveness.

ONE-LINE SUMMARY

☞ 지난해 12월 한국에 진출한 세계 1위 가구 기업 이케아를 둘러싸고 많은 논란이 일고 있습니다.

EXERCISE QUIZ

Q1. 내용에 알맞은 접속사를 고르세요.

> 이케아가 한국에 상륙했습니다. (　　　) 국내 가구 업체를 보호해야 한다고 주장하는 사람들이 나타나고 있습니다.

① 그럼에도 불구하고　　② 이에 따라
③ 하지만　　　　　　　④ 만약

Q2. 기사에 따르면 왜 사람들은 이케아의 영업을 규제해야 한다고 말했습니까?

① 국내 기업이 아니기 때문에
② 가격이 너무 비싸기 때문에
③ 국내 업체들에 위협이 될 수도 있기 때문에
④ 국내 업체들의 경쟁력을 떨어뜨릴 수도 있기 때문에

Q3. 기사의 내용에 맞게 빈칸을 채우세요.

> 이케아 코리아는 광명점 오픈 직후 발생한 매장 근처 교통난을 (　　　) 위한 대책을 광명시에 제출했습니다.

① 늘리기　　② 유지하기
③ 줄이기　　④ 즐기기

1. ② 2. ③ 3. ③

NEWS #29

사회 / Social

JANUARY 16, 2015

Track #29

스타벅스 커피가 가장 비싼 곳은 한국

최근 '소비자시민모임'이라는 단체가 세계 13개국 주요 도시의 물가를 비교해 본 결과, 한국의 물가가 상위 5위 안에 들었다고 합니다. 이 단체는 42개의 농축산물 또는 가공식품 제품의 가격을 지난해 6월과 10월, 두 차례에 걸쳐 조사했습니다. 이번 조사에 포함된 도시들은 서울, 뉴욕, 베이징, 도쿄, 베를린, 파리, 런던, 밀라노, 토론토, 시드니, 마드리드, 암스테르담, 타이베이 등이었습니다. 스타벅스의 아메리카노 한 잔 값을 비교했을 때, 미국이 2,477원으로 가장 저렴했고, 한국이 4,100원으로 가장 비싼 것으로 드러났습니다. 칠레산 와인도 한국에서 가장 높은 가격으로 판매되고 있는 것으로 밝혀졌는데, 수입량이 증가해서 가격이 내려갔음에도 불구하고 다른 나라와 비교하면 여전히 더 높은 가격에 팔리고 있습니다. 13개국 중에서 한국에서의 가격이 가장 비싼 품목 중에는 고기와 청포도가 있었고, 탄산수와 음료 제품들도 전반적으로 다른 나라에서보다 한국에서 더 비싼 것으로 드러났습니다.

한국 $4.85

스위스 $3.68

일본 $3.52

미국 $2.45

STUDY NOTES

스타벅스 커피가 가장 비싼 곳은 한국

Korea Has the Most Expensive Starbucks Coffee

최근 '**소비자시민모임**'이라는 **단체**가 세계 13개국 **주요 도시**의 **물가**를 **비교해** 본 결과, 한국의 물가가 **상위** 5위 안에 들었다고 합니다.

A group called 'Consumers Korea' recently compared the prices of things in major cities across 13 world countries, and as a result, the prices of things in Korea are reported to have ranked among the top 5.

이 단체는 42개의 **농축산물** 또는 **가공식품 제품**의 **가격**을 **지난해** 6월과 10월, **두 차례**에 **걸쳐 조사**했습니다.

This group investigated the prices of 42 farm products and processed food products twice, both in June and in October last year.

이번 조사에 **포함된** 도시들은 서울, 뉴욕, 베이징, 도쿄, 베를린, 파리, 런던, 밀라노, 토론토, 시드니, 마드리드, 암스테르담, 타이베이 등이었습니다.

The cities that were included in this investigation were Seoul, New York, Beijing, Tokyo, Berlin, Paris, London, Milan, Sydney, Madrid, Amsterdam, and Taipei.

스타벅스의 아메리카노 한 **잔** 값을 비교했을 때, 미국이 2,477원으로 가장 **저렴했고**, 한국이 4,100원으로 가장 비싼 것으로 드러났습니다.

When they compared the prices of one cup of Americano from Starbucks, it turned out that it was the cheapest in the USA at 2,477 won and Korea was the most expensive at 4,100 won.

칠레산 와인도 한국에서 가장 높은 가격으로 **판매되고** 있는 것으로 **밝혀졌는데**, **수입량**이 **증가해서** 가격이 **내려갔음**에도 불구하고 다른 나라와 비교하면 **여전히** 더 높은 가격에 **팔리고** 있습니다.

Chilean wine also turned out to be sold at the highest price in Korea, and even though the price has gone down due to an increase in the amount of import, it is still being sold at the highest price compared to other countries.

13개국 중에서 한국에서의 가격이 가장 비싼 **품목** 중에는 **고기**와 **청포도**가 있었고, **탄산수**와 **음료** 제품들도 **전반적으로** 다른 나라에서보다 한국에서 더 비싼 것으로 **드러났습니다**.

Among the 13 countries, the most expensive items in Korea were meat and green grapes, with carbonated water and beverage products being overall more expensive in Korea than in other countries.

ONE-LINE SUMMARY

☞ 세계 13개국의 주요 도시 중 한국의 물가가 상위 5위 안에 들었습니다. 커피와 고기, 청포도의 값이 가장 비싼 품목에 속했고 음료 제품들도 전반적으로 다른 나라에서보다 더 비쌌습니다.

EXERCISE QUIZ

Q1. 기사의 핵심 내용을 고르세요.

① 서울은 주요 도시들 중에서 물가가 비싼 편이다.
② 한국의 스타벅스가 가장 맛있다.
③ 와인은 한국에서 가장 비싸다.
④ 스타벅스의 아메리카노 한 잔의 값은 한국이 가장 저렴하다.

Q2. 기사의 내용에 맞게 빈칸을 채우세요.

> 13개국의 주요 도시의 물가를 비교해 본 결과, 한국의 물가가 비교적 (　　　).

① 저렴했습니다.　　② 높았습니다.
③ 낮았습니다.　　④ 합리적이었습니다.

Q3. 기사를 읽고 맞는 문장을 고르세요.

① 소비자시민모임은 한국의 주요 도시의 물가를 비교하였다.
② 한국은 세계 주요 도시 중에서 다섯 번째로 물가가 비싸다.
③ 고기와 청포도는 13개국 중에서 한국이 가장 비싸다.
④ 와인은 칠레에서 가장 비싸다.

NEWS #30

과학 / Science

Track #30
JANUARY 23, 2015

두려운 기억을 지워 주는 카레

뉴욕시립대학의 한 교수가 카레의 재료를 이용해 연구한 결과, 강황에 들어 있는 쿠르쿠민 성분이 두려운 기억을 지우는 효과가 있다고 발표했습니다. 이번 연구를 이끈 글렌 샤피 교수는 쥐를 두 그룹으로 나누어 한 그룹에는 일반 먹이를 주고, 다른 한 그룹에는 쿠르쿠민이 많이 들어간 먹이를 주었습니다. 그 후 두 그룹 모두에게 어떠한 소리를 들려 주면서 발에 충격을 가함으로써 해당 소리에 대한 공포감을 갖게 했습니다. 몇 시간 후, 쥐들이 공포감을 느끼게 된 그 소리를 다시 들려 주었을 때, 보통 먹이를 먹은 쥐들은 그 소리를 듣고 긴장했지만, 쿠르쿠민을 먹은 쥐들은 전혀 긴장을 하지 않았습니다. 이렇게 공포에 대한 기억이 지워진 상태는 오랫동안 지속되었다고 합니다. 연구팀은 쿠르쿠민 성분이, 신경 세포들을 연결하는 시냅스가 특정 기억을 장기 기억으로 저장하는 것을 차단했다고 보고 있습니다.

STUDY NOTES

두려운(to be scared/fearful) **기억**(memory)**을 지워**(to erase/delete) **주는 카레**

> Curry Erases Scary Memories

뉴욕시립(municipal/operated by the city)**대학의 한 교수**(professor)**가 카레의 재료**(ingredient/material)**를 이용해 연구한**(to research) **결과, 강황**(turmeric)**에 들어 있는 쿠르쿠민 성분**(ingredient/component)**이 두려운 기억을 지우는 효과**(effect)**가 있다고 발표했습니다.**

> After a professor at the City University of New York did research using the ingredients of curry, he announced that the curcumine ingredient found inside turmeric has the effect of erasing scary memories.

이번 연구를 이끈(to lead) **글렌 샤피 교수는 쥐를 두 그룹으로 나누어**(to divide) **한 그룹에는 일반**(regular/normal) **먹이**(food/feed)**를 주고, 다른 한 그룹에는 쿠르쿠민이 많이 들어간 먹이를 주었습니다.**

> Professor Glenn Schafe, who led this research, divided the mice into two groups and fed one group normal food, and the other group food that contains a lot of curcumine.

그 후 두 그룹 모두에게 어떠한 소리(sound)**를 들려 주면서 발에 충격을 가함**(to give shock)**으로써 해당**(certain/relevant) **소리에 대한 공포감**(sense of fear)**을 갖게 했습니다.**

> After that, by letting both groups hear a certain sound and applying shock on their feet, he made the mice create a sense of fear toward the certain sound.

몇 시간 후, 쥐들이 공포감을 느끼게 된 그 소리를 다시 들려 주었을 때, 보통 먹이를 먹은 쥐들은 그 소리를 듣고 긴장했(to be nervous/to tense up)**지만, 쿠르쿠민을 먹은 쥐들은 전혀 긴장을 하지 않았습니다.**

> A few hours later, when he made the mice hear the sound again that they had grown to fear, the mice that ate normal food tensed up at the sound, whereas the mice that ate curcumine did not tense up at all.

이렇게 공포에 대한 기억이 지워진 상태(state/condition)**는 오랫동안 지속되었**(to last/to continue)**다고 합니다.**

> This particular condition, where the memory related to fear was erased, reportedly lasted for a long time.

연구팀은 쿠르쿠민 성분이, 신경 세포(nerve cell)**들을 연결하는 시냅스가 특정**(particular) **기억을 장기**(long-term) **기억으로 저장**(to save/store)**하는 것을 차단**(to block)**했다고 보고 있습니다.**

> The research team believes that the curcumine ingredient blocked the synapses that connect nerve cells from storing certain memories as long-term memories.

ONE-LINE SUMMARY

☞ 뉴욕시립대학의 한 교수가 강황에 들어 있는 쿠르쿠민 성분이 두려운 기억을 지우는 데 효과가 있다는 연구 결과를 발표했습니다.

EXERCISE QUIZ

Q1. 기사의 핵심 내용을 고르세요.

① 쿠르쿠민 성분은 두려운 기억을 없애 주는 효과가 있다.
② 카레를 많이 먹으면 두려운 감정을 못 느낀다.
③ 쿠르쿠민을 먹은 쥐들은 긴장을 하지 않는다.
④ 일반 먹이를 먹은 쥐들은 기억력이 좋다.

Q2. 내용에 알맞은 접속사를 고르세요.

> 카레에는 쿠르쿠민 성분이 많이 (　　　) 카레를 먹으면 두려운 기억을 지울 수 있다.

① 들어있긴 하지만　　　　② 들어있기 때문에
③ 들어있었는데　　　　　④ 들어있음에도 불구하고

Q3. 연구팀에 따르면 왜 쿠르쿠민을 먹은 쥐들은 소리를 듣고도 긴장을 하지 않았습니까?

① 쿠르쿠민 성분이 특정 기억을 장기 기억으로 저장하는 것을 차단하기 때문에
② 쿠르쿠민 성분이 쥐의 감정을 조절하기 때문에
③ 쿠르쿠민 성분이 소리를 듣지 못하게 하기 때문에
④ 쿠르쿠민 성분이 포만감을 느끼게 하기 때문에

NEWS #31

사회 / Social

Track #31
JANUARY 30, 2015

1970년에 비해 절반밖에 소비되지 않는 쌀

통계청에서 지난 27일에 발표한 통계에 따르면, 대한민국 국민 1인당 하루 쌀 소비량은 178.2그램으로 나타났는데, 이는 전년도보다 5.8그램이 감소한 것으로, 사상 최저치입니다. 쌀 관련 통계가 작성되기 시작한 1963년 이후, 1인당 하루 쌀 소비량이 가장 많았던 것은 1970년의 373.7그램이었습니다. 따라서 현재 쌀 소비량은 1970년에 비해 47.7%에 불과하고, 밥 한 공기를 쌀 100그램로 계산할 경우, 하루에 소비하는 쌀의 양이 밥 두 공기 분량도 안 되는 것입니다. 쌀 이외의 잡곡, 콩 종류, 그리고 고구마와 감자 등의 비율은 증가세를 보이고 있는데, 잡곡 소비량이 증가한 것은 국민들의 건강에 대한 관심이 늘어났기 때문으로 보입니다.

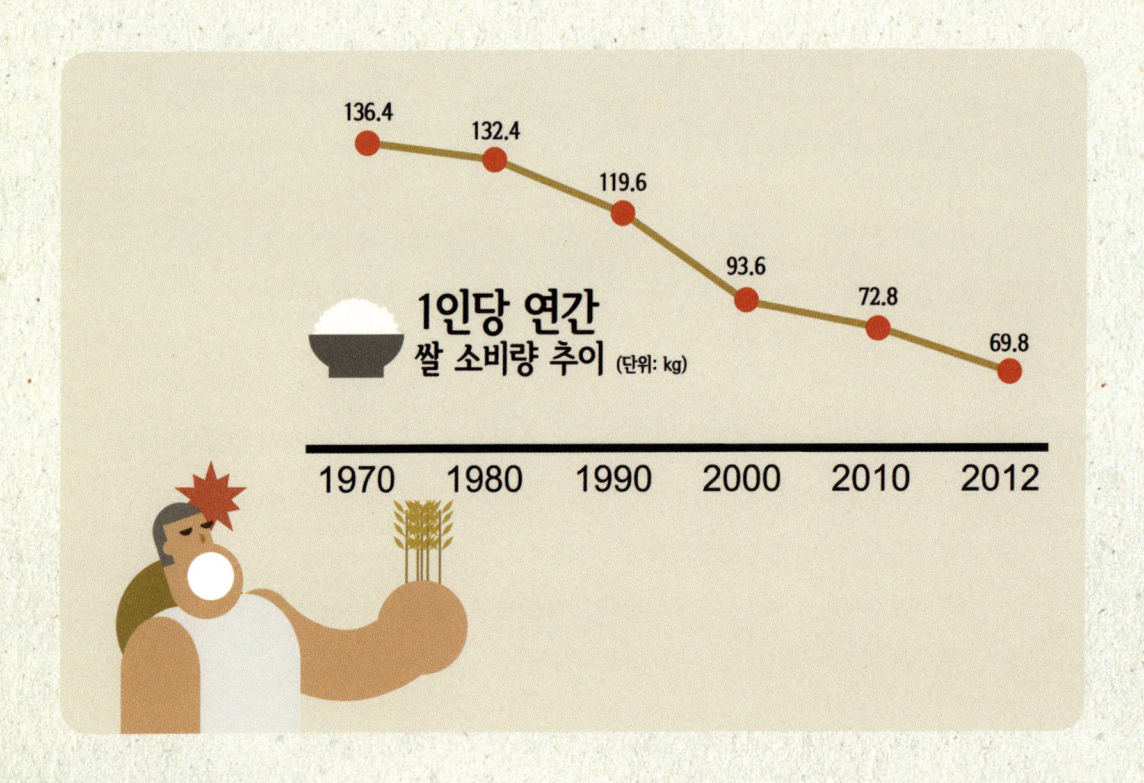

1인당 연간 쌀 소비량 추이 (단위: kg)

1970	1980	1990	2000	2010	2012
136.4	132.4	119.6	93.6	72.8	69.8

STUDY NOTES

1970년에 비해 절반밖에 소비되지 않는 쌀

> Rice Consumption has More Than Halved Compared to 1970

통계청에서 지난 27일에 발표한 통계에 따르면, 대한민국 국민 1인당 하루 쌀 소비량은 178.2그램으로 나타났는데, 이는 전년도보다 5.8그램이 감소한 것으로, 사상 최저치입니다.

> According to the statistics released by the National Statistics Office on January 27, the daily rice consumption amount per person in Korea turned out to be 178.2g, and this is 5.8g down from the previous year - an all-time low in history.

쌀 관련 통계가 작성되기 시작한 1963년 이후, 1인당 하루 쌀 소비량이 가장 많았던 것은 1970년의 373.7그램이었습니다.

> Ever since 1963 when rice-related statistics started being written, the largest daily rice consumption per person was (recorded at) 373.7g in 1970.

따라서 현재 쌀 소비량은 1970년에 비해 47.7%에 불과하고, 밥 한 공기를 쌀 100그램로 계산할 경우, 하루에 소비하는 쌀의 양이 밥 두 공기 분량도 안 되는 것입니다.

> Therefore, the current rice consumption is only 47.7% compared to that of 1970, and if you calculate the amount of rice for one bowl as 100g, it means that the amount of rice people consume in a day is less than two bowls of rice.

쌀 이외의 잡곡, 콩 종류, 그리고 고구마와 감자 등의 비율은 증가세를 보이고 있는데, 잡곡 소비량이 증가한 것은 국민들의 건강에 대한 관심이 늘어났기 때문으로 보입니다.

> Outside of rice, multigrains, various types of beans, sweet potatoes and potatoes are showing an upward trend in (consumption) ratios, and the increased consumption of multigrains seems to be because people's interest in health has also increased.

ONE-LINE SUMMARY

☞ 지난 27일 통계청의 발표에 따르면, 대한민국 국민 1인당 하루 쌀 소비량이 쌀 관련 통계가 작성되기 시작한 이래 사상 최저치로 나타났습니다.

EXERCISE QUIZ

Q1. 내용에 알맞은 접속사를 고르세요.

> 대한민국 국민 1인당 쌀 소비량이 사상 최저치입니다. (   ) 잡곡 소비량은 증가하고 있습니다.

① 또한　　　　　　　　　② 반면
③ 그래서　　　　　　　　④ 따라서

Q2. 기사 내용과 일치하는 문장을 고르세요.

① 전년도의 국민 1인당 하루 쌀 소비량은 184.0그램이었다.
② 전년도에 쌀 소비량이 가장 낮았다.
③ 쌀 관련 통계는 1970년에 시작되었다.
④ 쌀과 더불어 잡곡 소비량 또한 감소하고 있다.

Q3. 기사의 핵심 내용을 고르세요.

① 잡곡의 소비량이 줄고 있다.
② 하루에 소비하는 쌀의 양은 밥 두 공기 분량이다.
③ 대한민국 국민 1인당 하루 쌀 소비량이 사상 최저치를 기록했다.
④ 한국 사람들은 쌀을 좋아하지 않는다.

NEWS #32

사회 / Social

Track #32

FEBRUARY 3, 2015

"면세 담배 좀 사다 주세요"

2015년 새해가 시작되면서 사람들의 입에 가장 많이 오르내리는 이야깃거리 중 하나는 담뱃값일 것입니다. 한 갑에 2,500원 하던 담배가 4,500원으로 가격이 인상되면서, 많은 사람들이 담뱃값에 부담을 느껴 금연을 다짐했습니다. 하지만 여전히 대부분의 흡연자들은 부담스러워진 가격에도 어쩔 수 없이 담배를 피우고 있습니다. 그런데 면세점에서 판매하는 담배의 가격이 지난해와 같다는 이야기를 듣고 많은 사람들이 면세 담배를 구하기 위해 노력하고 있습니다. 현재 시중 판매가가 4,500원인 국산 담배들 중 대부분은 면세점에서 한 보루에 18달러밖에 안 하고, 외산 담배도 19달러에 판매되고 있어서, 국내 가격의 절반도 되지 않습니다. 이렇게 면세 담배 구매가 늘면서, 주변 사람들에게 담배 구입 부탁을 받고 스트레스를 받는 사람들도 동시에 늘고 있다고 합니다. 특히 해외 출장이 잦거나 제주도를 자주 방문하는 사람들 중에는 이에 대한 불만을 토로하는 사람들이 많아지고 있습니다.

STUDY NOTES

"**면세 담배** 좀 사다 주세요"
(tax exemption / cigarette)

"Please Get Me Some Tax-Free Cigarettes"

2015년 **새해**가 **시작되**면서 사람들의 **입**에 가장 많이 **오르내리는** **이야깃거리** 중 하나는 **담뱃값**일 것입니다.
(new year / to begin / to be spoken of / subject/topic of conversation / cigarette price)

As the new year of 2015 starts, one of the most frequently discussed topics must be the price of cigarettes.

한 **갑**에 2,500원 하던 담배가 4,500원으로 **가격**이 **인상되**면서, 많은 사람들이 담뱃값에 **부담**을 느껴 **금연**을 **다짐했**습니다.
(pack / price / to increase / burden / non-smoking/quitting smoking / to resolve/pledge/decide)

As the price of a pack of cigarettes, which used to be 2,500 won, has been raised to 4,500 won, many people made up their minds to quit smoking under the burden of the cigarette price.

하지만, 여전히 대부분의 **흡연자**들은 어쩔 수 없이 **부담스러워진** 가격에 **담배를 피우**고 있습니다.
(smoker / to be burdensome / to smoke)

However, the majority of smokers still can't help but smoke cigarettes at the burdensome price.

그런데 **면세점**에서 판매하는 담배의 가격이 지난해와 같다는 이야기를 듣고 많은 사람들이 면세 담배를 **구하**기 위해 노력하고 있습니다.
(duty free shop / to seek/get)

But after hearing that the prices of cigarettes sold at duty free shops are the same as last year, many people are trying to get duty-free cigarettes.

현재 **시중** 판매가가 4,500원인 국산 담배들 중 대부분의 담배는 면세점에서 한 **보루**에 18달러밖에 안 하고, **외산** 담배도 19달러에 판매되고 있어서, 국내 가격의 **절반**도 되지 않습니다.
(in the market / counter for 10 packs of cigarettes / foreign-made / half)

Most of the domestic cigarettes in the market, whose current selling price is 4,500, cost only 18 dollars for 10 packs at duty free shops, whereas foreign-made cigarettes are also sold at 19 dollars, so they cost less than half of the standard domestic market price.

이렇게 면세 담배 구매가 늘면서, **주변 사람들**에게 담배 **구입 부탁을 받**고 스트레스를 받는 사람들도 **동시에** 늘고 있다고 합니다.
(people around oneself/acquaintances / purchase / to be asked a favor / at the same time)

As the purchases of duty-free cigarettes increase like this, at the same time, there are more and more people stressing out after getting asked to buy cigarettes for acquaintances.

특히 **해외 출장**이 잦거나 제주도를 자주 **방문하**는 사람들 중에는 이에 대한 **불만을 토로하**는 사람들이 많아지고 있습니다.
(overseas / business trip / to visit / to complain)

Especially among those who go on overseas business trips or visit Jeju Island often, people complaining about this are on the increase.

ONE-LINE SUMMARY

☞ 담배값이 인상되었지만 면세점에서 판매하는 담배의 가격은 오르지 않았다는 이야기를 듣고 많은 사람들이 면세 담배를 구하기 위해 노력하고 있습니다.

EXERCISE QUIZ

Q1. 기사의 핵심 내용을 고르세요.

① 많은 사람들이 금연을 다짐하지만 매번 실패합니다.
② 담뱃값이 인상되었는데 면세 담배는 가격이 저렴해 담배 구입을 부탁하는 사람들이 많아졌습니다.
③ 많은 흡연자들이 비싼 담뱃값으로 인해 금연을 시작했습니다.
④ 담배를 싼 값에 사기 위하여 해외 출장을 가거나 제주도를 방문하는 사람이 늘었습니다.

Q2. 기사의 내용에 맞게 빈칸을 채우세요.

> 국내 가격의 절반도 되지 않는 면세 담배를 (   )하기 위해 주변 사람들에게 부탁을 하는 사람들이 늘었습니다.

① 구입 ② 구경
③ 구조 ④ 피

Q3. 기사에 따르면 해외 출장이 잦거나 제주도를 자주 방문하는 사람들은 왜 불만을 토로하고 있습니까?

① 비행 여정이 힘들기 때문에
② 담배 구입 부탁을 하는 사람들 때문에
③ 담뱃값이 너무 비싸기 때문에
④ 담배가 무겁기 때문에

NEWS #33

사회 / Social

Track #33

FEBRUARY 6, 2015

서울의 아파트 전세금으로
경기도 아파트 구매 가능

갈수록 서울 아파트의 전세 가격이 올라가면서, 일부 서울 아파트의 전셋값이 경기도 아파트의 평균 매매 가격보다 높은 것으로 나타났습니다. 지난 2일 부동산114에서 발표한 자료에 따르면, 2015년 1월 기준으로 서울 아파트의 가구당 평균 전세 가격은 3억 4천47만 원이었는데, 경기도 아파트의 가구당 평균 매매 가격은 2억 9천268만 원이었습니다. 즉, 서울에서 아파트 전세금으로 낼 돈으로 경기도에서는 아파트 한 채를 사도 돈이 남는 것입니다. 2년 전에는 서울 아파트의 전세금으로 경기도 아파트를 사려면 1천만 원 정도, 4년 전에는 5천만 원 이상을 더 마련해야 했습니다. 지난 4년 동안 서울의 아파트 평균 전세 가격이 9천만 원 이상이 올랐다는 뜻인데, 이번 기회에 전세금을 빼서 아파트를 매매하는 것을 고려하고 있는 세입자들이 증가하고 있다고 합니다.

서울
전세 3억 4천만 원

경기도
매매 2억 9천만 원

STUDY NOTES

서울의 아파트 **전세금**으로 경기도 아파트 **구매 가능**

> Purchasing a Gyeonggi Province Apartment at the Price of Seoul Key Money Made Possible

갈수록 서울 아파트의 **전세** 가격이 **올라가면서**, **일부** 서울 아파트의 **전셋값**이 경기도 아파트의 **평균 매매** 가격보다 높은 것으로 나타났습니다.

> As the key money for Seoul apartments increases, it turns out that the key money for some apartments in Seoul is higher than the average selling price of apartments in Gyeonggi Province.

지난 2일 **부동산**114에서 **발표한 자료**에 따르면, 2015년 1월 **기준**으로 서울 아파트의 **가구당** 평균 전세 가격은 3억 4천47만 원이었는데, 경기도 아파트의 가구당 평균 매매 가격은 2억 9천268만 원이었습니다.

> According to the data revealed by Real Estate 114 on February 2, as of January, 2015, the average key money for Seoul apartments was 340.47 million won per household, and the average selling price of apartments in Gyeonggi Province was 292.68 million won per household.

즉, 서울에서 아파트 전세금으로 **낼 돈**으로 경기도에서는 아파트 한 **채**를 사도 돈이 **남**는 것입니다.

> In other words, with the money you pay as the key money for an apartment in Seoul, you will still have money left after buying an apartment in Gyeonggi Province.

2년 전에는 서울 아파트의 전세금으로 경기도 아파트를 사려면 1천만 원 정도, 4년 전에는 5천만 원 이상을 더 **마련해야** 했습니다.

> Two years ago, if you wanted to buy an apartment in Gyeonggi Province with the key money for an apartment in Seoul, you had to prepare about 10 million won more, and four years ago, over 50 million won more.

지난 4년 동안 서울의 아파트 평균 전세 가격이 9천만 원 이상이 **올랐**다는 뜻인데, 이번 **기회**에 전세금을 **빼서** 아파트를 매매하는 것을 **고려**하고 있는 **세입자**들이 **증가**하고 있다고 합니다.

> It means that the average key money for apartments in Seoul has increased by more than 90 million won for the past four years, and the number of tenants who are considering using this opportunity to take out their key money and buy an apartment is reportedly increasing.

ONE-LINE SUMMARY

☞ 서울 아파트의 전세 가격이 점점 올라가면서 서울의 아파트 전세금이 경기도에서 아파트 한 채를 사는 가격보다 높아졌습니다.

EXERCISE QUIZ

Q1. 어떤 이야기를 하고 있나요?

① 서울에서 아파트를 사야 한다.
② 서울 아파트 매매 가가 많이 올랐다.
③ 서울의 아파트 전셋값이 많이 올랐다.
④ 경기도 아파트 매매 가가 많이 올랐다.

Q2. 기사의 내용에 맞게 빈칸을 채우세요.

| 서울의 아파트 전셋값이 4년 동안 급격히 (　　　) 경기도의 아파트 매매 가격보다 높아졌습니다. |

① 추락하면서　　　　　② 하락하면서
③ 인상되면서　　　　　④ 하강하면서

Q3. 기사를 읽고 맞는 문장을 고르세요.

① 서울 아파트의 전세 가격이 매매 가격보다 높다.
② 경기도 아파트의 매매 가격이 서울 아파트의 전셋값보다 비싸다.
③ 경기도 아파트의 매매 가격이 낮아져서 아파트를 매매하려는 사람들이 증가하고 있다.
④ 경기도 아파트를 구입하는 것이 서울 아파트를 임대하는 것보다 더 저렴하다.

NEWS #34

사회 / Social

서울 시내 게스트하우스 3년 새 3배 증가

한국을 찾는 외국인 관광객은 계속해서 증가하고 있습니다. 한국관광공사의 통계에 따르면 지난해 한국을 찾은 외국인 관광객의 수는, 해외로 여행을 떠난 한국인의 수보다 많았습니다. 이에 따라 국내에서 이용할 수 있는 저렴한 숙박 시설에 대한 수요 역시 급증했는데, 외국인을 상대로 해서 문을 여는 게스트하우스들 중에는 등록을 하지 않거나, 불법 영업을 하는 곳도 적지 않다고 합니다. 2014년 한국을 찾은 외국인 관광객의 수는 전년도 대비 16.6% 증가해서, 사상 처음으로 1,400만 명을 넘어섰습니다. 그 결과 최근 2개월 동안 서울에서 새롭게 등록된 게스트하우스의 수만 해도 26개에 달하고, '외국인 관광 도시 민박업', 즉 게스트하우스로 등록된 곳은 2012년의 185곳에서 현재 579곳으로 300% 이상 증가했습니다. 하지만 실제로 등록된 게스트하우스 이외에도, 공식 허가 없이 운영되는 곳도 많은 것으로 추정되고 있고, 게스트하우스는 관련 법률상 외국인 대상으로만 운영되어야 하는데 내국인을 받는 곳도 많은 것으로 보입니다.

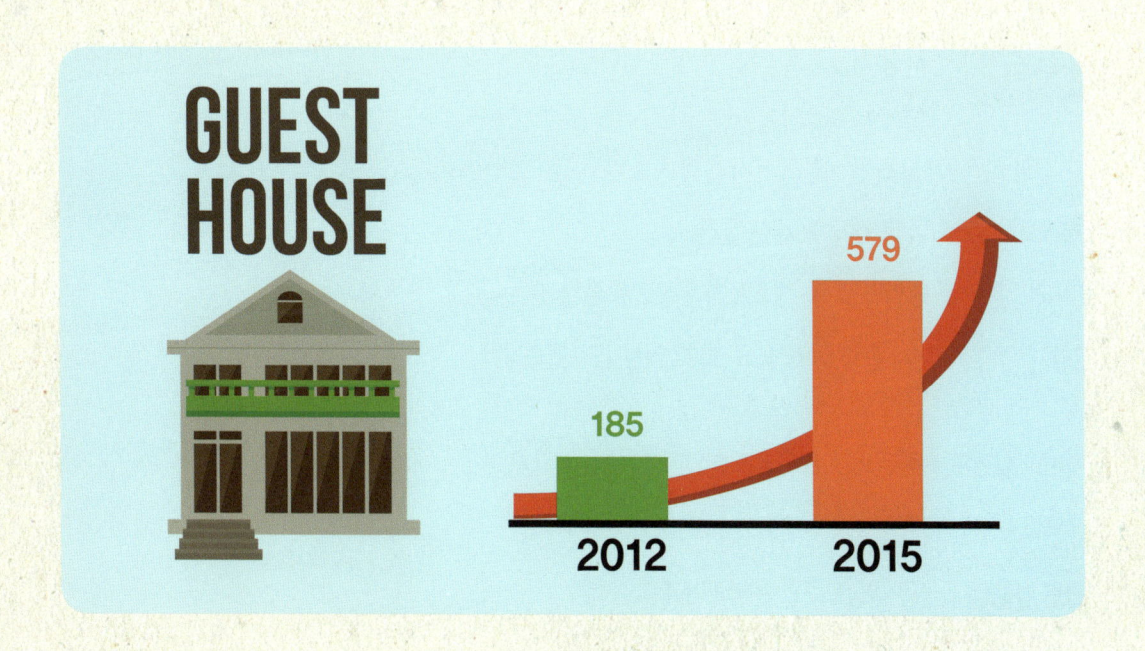

STUDY NOTES

서울 시내 게스트하우스 3년 새 3배 증가

Guest Houses in Seoul Have Tripled Over Three Years

한국을 찾는 외국인 관광객은 계속해서 증가하고 있습니다.

Foreign tourists who are visiting Korea are continuing to increase.

한국관광공사의 통계에 따르면 지난해 한국을 찾은 외국인 관광객의 수는, 해외로 여행을 떠난 한국인의 수보다 많았습니다.

According to the statistics given by Korea Tourism Organization, the number of foreign tourists that visited Korea last year was bigger than the number of Koreans who traveled overseas.

이에 따라 국내에서 이용할 수 있는 저렴한 숙박 시설에 대한 수요 역시 급증했는데, 외국인을 상대로 해서 문을 여는 게스트하우스들 중에는 등록을 하지 않거나, 불법 영업을 하는 곳도 적지 않다고 합니다.

As a result, the demand for inexpensive accommodation that people can use in the country has also surged, and among the guest houses that open up targeting foreigners, there are reportedly many that do not register and operate.

2014년 한국을 찾은 외국인 관광객의 수는 전년도 대비 16.6% 증가해서, 사상 처음으로 1,400만 명을 넘어섰습니다.

The number of foreign tourists that visited Korea in 2014 increased by 16.6% compared to the previous year, surpassing 14 million for the first time in history.

그 결과 최근 2개월 동안 서울에서 새롭게 등록된 게스트하우스의 수만 해도 26개에 달하고, '외국인 관광 도시 민박업', 즉 게스트하우스로 등록된 곳은 2012년의 185곳에서 현재 579곳으로 300% 이상 증가했습니다.

Consequently for the past two months, the number of newly registered guest houses alone in Seoul is 26, and places that are registered as 'foreign tourist city guest houses', in other words, guest houses, have increased by more than 300% from 185 in 2012 to currently 579.

하지만 실제로 등록된 게스트하우스 이외에도, 공식 허가 없이 운영되는 곳도 많은 것으로 추정되고 있고, 게스트하우스는 관련 법률상 외국인 대상으로만 운영되어야 하는데 내국인을 받는 곳도 많은 것으로 보입니다.

However in addition to the guest houses that are actually registered, it is estimated that there are many places that operate without any official permit, and according to the related law, these guest houses should only be operated for foreigners, despite many places also accepting locals.

ONE-LINE SUMMARY

☞ 한국을 찾는 외국인 관광객이 증가함에 따라 게스트하우스의 수가 급증하고 있으나, 동시에 불법 행위를 하는 게스트하우스도 늘어나고 있습니다.

EXERCISE QUIZ

Q1. 기사의 핵심 내용을 고르세요.

① 지난해 한국을 찾은 외국인 관광객의 수가 한국인의 수보다 많았습니다.
② 불법 영업을 하는 게스트하우스들이 증가하고 있습니다.
③ 게스트하우스는 현지인 대상으로만 운영되어야 합니다.
④ 한국을 찾는 외국인 관광객이 많아짐에 따라 게스트하우스도 급증하고 있습니다.

Q2. 내용에 알맞은 접속사를 고르세요.

> 외국인 관광객의 수가 많아지고 있습니다. (　　　) 국내의 저렴한 숙박 시설에 대한 수요도 증가하고 있습니다.

① 따라서
② 그럼에도 불구하고
③ 그렇지만
④ 왜냐하면

Q3. 기사를 읽고 맞는 문장을 고르세요.

① 지난해 해외 여행을 떠난 한국인의 수는 한국을 방문한 외국인 관광객의 수보다 적었습니다.
② 외국인을 상대로 해서 문을 여는 게스트하우스들은 불법입니다.
③ 2013년 한국을 찾은 외국인 관광객의 수는 거의 1,400만 명에 가까웠습니다.
④ 게스트하우스는 외국인과 내국인 모두 이용할 수 있습니다.

NEWS #35

문화 / Culture

Track #35

FEBRUARY 10, 2015

'문화가 있는 수요일' 행사를
진행하는 국립한글박물관

작년 한글날 하루 전인 10월 8일에 개관한 국립한글박물관은 한글의 역사에 대한 자료, 그리고 한글을 이용한 다양한 체험 프로그램을 갖춘 박물관입니다. 정기 휴관일인 매주 월요일을 제외하고 화요일부터 일요일까지 누구나 무료로 관람할 수 있습니다. 국립한글박물관은 매월 둘째 주와 넷째 주 수요일을 '문화가 있는 수요일'로 지정해서, 단체를 대상으로 전시에 대한 해설을 해 주고, 공연이나 교육 프로그램을 제공한다고 지난 9일 밝혔습니다. 둘째 주 수요일에는 한글을 배우는 국내 거주 외국인들을 대상으로 한글의 역사를 안내하고, 한글을 직접 써 볼 수 있는 체험 프로그램이 진행됩니다. 넷째 주 수요일에는 단체 관람객들을 대상으로 공연과 한글을 주제로 한 다양한 강좌들을 제공할 예정입니다.

STUDY NOTES

'문화가 있는 수요일' 행사를 진행하는 국립한글박물관
culture / event / to proceed / national / museum

> National Hangeul Museum Hosts 'Culture Wednesdays'

작년 한글날 하루 전인 10월 8일에 **개관한** 국립한글박물관은
Hangeul Proclamation Day / one day / to open (a hall/museum/etc)

한글의 **역사**에 대한 **자료**, 그리고 한글을 **이용한**
history / data / to use

다양한 체험 프로그램을 **갖춘** 박물관입니다.
to be diverse / experience / to be equipped with

> The National Hangeul Museum, which opened one day before Hangeul Day on October 8 last year, is a museum equipped with data about the history of Hangeul as well as various experience programs using Hangeul.

정기 휴관일인 **매주** 월요일을 **제외하고** 화요일부터
regular / closed day / every week / to exclude

일요일까지 **누구나 무료로 관람할** 수 있습니다.
everybody/anybody / for free/free of charge / to watch (a show/exhibition)

> Excluding every Monday, which is the regular closed day, anybody can visit for free from Tuesday through to Sunday.

국립한글박물관은 매월 둘째 주와 넷째 주 수요일을

'문화가 있는 수요일'로 **지정해서**, **단체**를 대상으로
to designate / group

전시에 대한 **해설**을 해 주고, **공연**이나 **교육** 프로그램을
exhibit / explanation / performance / education

제공한다고 지난 9일 **밝혔습니다**.
to offer/to provide / to reveal/to announce

> The National Hangeul Museum announced on February 9 that it has designated the second and fourth Wednesdays of every month as 'Culture Wednesdays' and is offering explanations on exhibitions, performances and education programs for groups.

둘째 주 수요일에는 한글을 배우는 **국내 거주** 외국인들을
domestic / residence

대상으로 한글의 역사를 **안내하**고, 한글을 **직접** 써 볼 수 있는
to guide / directly/in person

체험 프로그램이 진행됩니다.

> On Wednesdays in the second week of each month, an experience program will be hosted where foreigners residing in Korea are introduced to the history of Hangeul, and can try writing Hangeul themselves.

넷째 주 수요일에는 단체 **관람객**들을 대상으로 공연과
spectator/audience

한글을 **주제**로 한 다양한 **강좌**들을 제공할 예정입니다.
subject/theme / lecture/class

> On Wednesdays in the fourth week of each month, they plan to offer performances and various classes based on the theme of Hangeul to group visitors.

ONE-LINE SUMMARY

☞ 국립한글박물관은 매월 둘째 주와 넷째 주 수요일을 '문화가 있는 수요일'로 지정해 다양한 한글 관련 프로그램을 진행할 예정입니다.

EXERCISE QUIZ

Q1. 어떤 이야기를 하고 있나요?

① 한글을 배워야 한다고 주장하고 있다.
② 국립한글박물관에 대해 소개하고 있다.
③ 국립한글박물관에 다녀온 소감을 말하고 있다.
④ 국립한글박물관을 판매하기 위해 홍보를 하고 있다.

Q2. 기사에 따르면 다양한 강의를 듣고 싶은 사람은 언제 박물관에 가야합니까?

① 10월 8일
② 둘째 주 수요일
③ 넷째 주 금요일
④ 넷째 주 수요일

Q3. 기사를 읽고 맞는 문장을 고르세요.

① 국립한글박물관은 한글날 처음 문을 열었습니다.
② 국립한글박물관은 매일 다양한 프로그램을 진행합니다.
③ 국립한글박물관은 외국인이라면 무료입니다.
④ 국립한글박물관은 한글을 직접 써 볼 수 있는 체험 프로그램을 진행합니다.

NEWS #36

과학 / Science

Track #36

FEBRUARY 13, 2015

하루 한 번 낮잠으로도
면역력을 회복할 수 있어

매일 바쁜 일상 속에서 수면 부족으로 건강이 악화되고 있는 사람들이 늘고 있습니다. 충분한 수면을 취하지 못했을 때 우리 몸에서는 스트레스 호르몬이 분비되고, 혈압과 혈당이 올라가게 됩니다. 프랑스 파리 4대학 연구팀이 25세에서 32세 사이의 건강한 성인들에게 밤에 잠을 2시간만 자게 한 결과, 다음날 스트레스 호르몬 수치가 2.5배 증가했고, 면역력도 많이 떨어졌습니다. 그런데 이들에게 30분의 낮잠을 자게 했을 때, 연구팀은 이들의 스트레스 호르몬과 면역력의 수치가 정상으로 돌아온다는 것을 발견했습니다. 이 연구에 참여한 한 연구원은, 직업상 만성적으로 수면이 부족한 사람들을 위한 실질적인 대책을 세우는 데에 낮잠이 도움이 될 수 있다고 말했습니다.

STUDY NOTES

하루 한 번 낮잠으로도 면역력을 회복할 수 있어
one day / nap / immunity / to recover

You Can Restore Your Immunity With Just a Nap a Day

매일 바쁜 일상 속에서 수면 부족으로 건강이 악화되고 있는 사람들이 늘고 있습니다.
every day / daily life / sleep / lack / health / to be busy / to increase / to get worse

There are more and more people whose health is getting worse due to the lack of sleep in their busy daily lives.

충분한 수면을 취하지 못했을 때 우리 몸에서는 스트레스 호르몬이 분비되고, 혈압과 혈당이 올라가게 됩니다.
to be sufficient/enough / to take/get / blood pressure / blood sugar / to be secreted / to go up/to increase

When we can't get enough sleep, our bodies secrete stress hormones and our blood pressure and blood sugar levels go up.

프랑스 파리4대학 연구팀이 25세에서 32세 사이의 건강한 성인들에게 밤에 잠을 2시간만 자게 한 결과, 다음날 스트레스 호르몬 수치가 2.5배 증가했고, 면역력도 많이 떨어졌습니다.
research team / to be healthy / adult / figure/number / to increase / to fall/drop

The research team at Paris-Sorbonne University (Paris IV) made healthy adults between the ages of 25 and 32 sleep for just 2 hours at night, and as a result, their stress hormone levels increased 2.5 times and their immunity level significantly fell the next day.

그런데 이들에게 30분의 낮잠을 자게 했을 때, 연구팀은 이들의 스트레스 호르몬과 면역력의 수치가 정상으로 돌아온다는 것을 발견했습니다.
normal/normal level / to discover

But when the research team made them take a 30-minute nap, the team found that their stress hormone levels and immunity levels came back to normal.

이 연구에 참여한 한 연구원은, 직업상 만성적으로 수면이 부족한 사람들을 위한 실질적인 대책을 세우는 데에 낮잠이 도움이 될 수 있다고 말했습니다.
research / due to work / chronically / substantive/effective / to establish countermeasures / to be useful

One researcher who participated in this research said that taking a nap can be helpful in establishing effective countermeasures for people who chronically lack sleep due to work.

ONE-LINE SUMMARY

☞ 프랑스 파리4대학의 연구 결과, 낮잠을 자는 것이 스트레스 완화와 면역력 강화에 도움을 준다고 합니다.

EXERCISE QUIZ

Q1. 어떤 이야기를 하고 있나요?

① 잠을 많이 자야 한다.
② 낮잠을 최대한 많이 자야 한다.
③ 낮잠은 스트레스 감소와 면역력 상승에 도움을 준다.
④ 밤에 자는 것보다 낮에 낮잠을 자는 것이 더 효과적이다.

Q2. 기사의 내용에 맞게 빈칸을 채워 주세요.

> 직업상 수면이 부족한 사람들은 낮잠을 잠으로써 일의 효율을 더 (　　　) 있습니다.

① 높일 수　　　　　　② 하락시킬 수
③ 유지시킬 수　　　　④ 줄일 수

Q3. 연구에 따르면 충분한 수면을 취하지 못 했을 때 어떤 일이 있어날까요?

① 스트레스 호르몬 수치가 감소한다.
② 스트레스 호르몬 수치가 증가하고 혈압이 낮아진다.
③ 스트레스 호르몬 수치와 혈당이 증가한다.
④ 스트레스 호르몬 수치와 면역력이 감소한다.

NEWS #37

과학 / Science

Track #37

FEBRUARY 20, 2015

물을 정화해서 다시 쓰는
미래의 샤워 기술

스웨덴의 오비탈 시스템즈라는 회사가 미국 항공우주국(NASA)과의 협력을 통해서 샤워할 때 사용한 물을 재활용해서 다시 쓸 수 있게 해 주는 기술을 개발했습니다. 이번 기술 개발에 NASA가 참여한 이유는, 이러한 신개념 샤워 기술이 우주 여행 때 활용될 수 있기 때문입니다. 이 샤워 시스템을 활용하면, 한 번 사용한 물을 실시간으로 정화해서 90% 이상 재활용할 수 있게 됩니다. 샤워기를 통해 나온 물은 두 종류의 필터 캡슐을 통과하면서 이물질과 세균, 기름 등이 제거되어 다시 깨끗한 상태로 샤워기로 돌아갑니다. 또한 이 캡슐들은 가격이 각각 25달러와 100달러로, 한 번 구매하면 1만~3만 리터의 물을 정화할 수 있다고 합니다.

STUDY NOTES

물을 **정화**해서 다시 쓰는 **미래**의 샤워 **기술**

> Future Shower Technology Purifies and Reuses Water

스웨덴의 오비탈 시스템즈라는 회사가 미국 **항공**우주국(NASA)과의 **협력**을 통해서 샤워할 때 사용한 물을 **재활용**해서 다시 쓸 수 있게 해 주는 기술을 **개발**했습니다.

> Orbital Systems, a Swedish company, has developed through collaboration with NASA a technology that makes it possible to recycle used shower water and use it again.

이번 기술 개발에 NASA가 **참여한** 이유는, 이러한 신개념 샤워 기술이 우주 **여행** 때 **활용될** 수 있기 때문입니다.

> The reason that NASA participated in the technological development this time is because this new shower technology can be used in space travel.

이 샤워 시스템을 활용하면, 한 번 **사용한** 물을 **실시간으로** 정화해서 90% 이상 재활용할 수 있게 됩니다.

> By using this shower system, you can purify used water in real time and recycle more than 90% of it.

샤워기를 통해 나온 물은 두 **종류**의 필터 캡슐을 **통과하면서** **이물질**과 **세균**, **기름** 등이 **제거되어** 다시 **깨끗한 상태**로 샤워기로 **돌아갑니다**.

> Water that comes out through the shower goes through two types of filters, and with foreign substances, germs, and oil removed from it, it goes back into the shower in a clean state.

또한 이 캡슐들은 **가격**이 **각각** 25달러와 100달러로, 한 번 **구매하면** 1만~3만 리터의 물을 정화할 수 있다고 합니다.

> Also, these capsules cost $25 and $100 respectively, and once purchased, they can reportedly purify 10,000-30,000 liters of water.

ONE-LINE SUMMARY

☞ 스웨덴의 오비탈 시스템즈라는 회사가 NASA와 협력해, 샤워할 때 사용한 물을 재활용해서 다시 쓸 수 있는 기술을 개발했습니다.

EXERCISE QUIZ

Q1. 어떤 이야기를 하고 있나요?

① 물을 아껴 써야 한다.
② 우주 여행 때 샤워를 하기가 불편하다.
③ 물을 재활용해서 다시 쓸 수 있게 되었다.
④ 깨끗한 샤워기가 필요하다.

Q2. 내용에 알맞은 접속사를 고르세요.

> 이 시스템을 이용하면 한 번 사용한 물을 실시간으로 정화해서 다시 사용할 수 (   ) 우주 여행 때 유용할 것입니다.

① 있지만
② 있기 때문에
③ 있음에도 불구하고
④ 있을지 몰라도

Q3. 기사에 따르면, NASA가 이번 기술 개발에 참여한 이유는 무엇입니까?

① 우주 여행 때 잘 활용하기 위해
② 더러운 물을 정화시키기 위해
③ 돈을 많이 벌기 위해
④ 재활용에 관심이 많아서

NEWS #38

문화 / Culture

FEBRUARY 24, 2015

신비로운 사진작가
비비안 마이어를 찾아서

사진작가 비비안 마이어는 생전에 잘 알려진 사진작가는 아니었습니다. 2009년에 아무런 유언도 남기지 않고, 재산도 유족도 없이 만 83세의 나이로 세상을 떠난 마이어 씨의 사진들은 그녀의 사후에 센세이션을 불러일으켰습니다. 유모로 일했던 마이어 씨는 일을 하지 않는 시간에 시카고와 뉴욕의 길거리로 나가서 사람들의 모습을 촬영했습니다. 그녀가 남긴 15만 장이 넘는 사진들은 생전에 전혀 공개되지 않았는데, 시카고의 부동산 중개업자인 존 말루프가 2007년에 시카고 벼룩시장에서 마이어가 찍은 사진들 10만여 장을 우연히 구입하게 되면서 그녀의 사진들이 세상에 알려지게 되었습니다. 비비안 마이어의 일생에 대한 영화 '비비안 마이어를 찾아서'가 만들어지면서, 그녀의 작품들의 가격이 급등하고 있습니다.

STUDY NOTES

신비로운 사진작가 비비안 마이어를 찾아서
(mysterious photographer)

→ Finding the Mysterious Photographer, Vivian Maier

사진작가 비비안 마이어는 **생전**에 잘 **알려진** 사진작가는 아니었습니다.
(one's lifetime / to be known)

→ Photographer Vivian Maier was not a well-known photographer in her lifetime.

2009년에 아무런 **유언**도 남기지 않고, **재산**도 **유족**도 없이 만 83세의 나이로 **세상을 떠난** 마이어 씨의 사진들은 그녀의 **사후**에 **센세이션**을 **불러일으켰습니다**.
(will/testament, property/asset, surviving family, to pass away/to die, after one's death, sensation, to cause/to stir up/to trigger)

→ The photos of Ms. Maier, who died at the age of 83 in 2009 without leaving any will, property or bereaved family, caused a sensation after her death.

유모로 일했던 마이어 씨는 일을 하지 않는 시간에 시카고와 뉴욕의 **길거리**로 나가서 사람들의 모습을 **촬영했습니다**.
(nanny, street, to film)

→ Ms. Maier, who worked as a nanny, photographed people on the streets of Chicago and New York during the hours when she did not work.

그녀가 남긴 15만 장이 넘는 사진들은 생전에 전혀 **공개되지** 않았는데, 시카고의 **부동산 중개업자**인 존 말루프가 2007년에 시카고 **벼룩시장**에서 마이어가 찍은 사진들 10만여 장을 **우연히 구입하게** 되면서 그녀의 사진들이 세상에 알려지게 되었습니다.
(to be revealed, realtor, flea market, by accident, to purchase)

→ More than 150,000 photos that she left behind were never publicly known before her death, and they came to be known to the world when John Maloof, a realtor in Chicago, accidentally bought more than 100,000 photos that Maier took at a flea market in Chicago.

비비안 마이어의 **일생**에 대한 영화 '비비안 마이어를 찾아서'가 만들어지면서, 그녀의 **작품**들의 **가격**이 **급등하고** 있습니다.
(one's whole life, work, price, to surge/to rapidly increase)

→ With the movie 'Finding Vivian Maier' being made about her life, her works are rapidly increasing in price.

ONE-LINE SUMMARY

☞ 생전에 유모로 일하며 뉴욕의 길거리에서 사람들의 모습을 촬영했던 사진작가 비비안 마이어의 작품들은 그녀가 세상을 떠난 뒤 발견되어 뒤늦게 주목 받고 있습니다.

EXERCISE QUIZ

Q1. 기사의 내용에 맞게 빈칸을 채우세요.

> 사진 작가 비비안 마이어는 (   ) 유명한 사진작가는 아니었지만 (   ) 그녀의 작품들의 가격이 급등했습니다.

① 사후에 – 사후에
② 생전에 – 생전에
③ 생전에 – 사후에
④ 사후에 – 생전에

Q2. 기사를 읽고 맞는 문장을 고르세요.

① 사진 작가 비비안 마이어는 생전에 사진을 잘 찍기로 유명했습니다.
② 사진 작가 비바안 마이어의 가족들이 그녀를 주인공으로 한 영화를 만들었습니다.
③ 사진 작가 비비안 마이어의 사진들은 그녀가 죽기 전에 공개되지 않았습니다.
④ 사진 작가 비비안 마이어는 존 말루프에게 사진들을 모두 팔았습니다.

Q3. 기사에 따르면 왜 사진 작가 비비안 마이어의 사진들은 사후에 센세이션을 불러일으켰나요?

① 사람들의 취향이 바뀌었기 때문에
② 그녀에 대한 영화가 만들어졌기 때문에
③ 그녀가 유모로 일하면서 사진을 찍었기 때문에
④ 아무런 유언도 남기지 않았기 때문에

NEWS #39

생활 / Life

Track #39
FEBRUARY 24, 2015

자전거로 제주도 한 바퀴

지난 2010년부터 추진된 자전거 인프라 구축 사업을 통해서, 제주도에 총 217.9킬로미터 길이의 자전거 전용 도로가 올해 7월에 완성될 예정입니다. 이번에 만들어지는 제주도의 자전거 도로는 해안 도로를 따라서 만드는 1.5~2미터 너비의 길로, 제주도 해안선을 따라 자전거를 타고 제주도를 한 바퀴 돌 수 있는 코스입니다. 이 사업에는 현재까지 125억 5천800만 원이 투입되었고, 올해 말까지 46억 3천600만 원을 추가로 들여서 나머지 구간을 완성한다는 계획입니다. 이 자전거 도로에는 또한, 자전거 여행객들이 주요 지점을 통과할 때마다 이것을 기념할 수 있는 인증 센터가 10개 장소에 설치될 예정이라고 합니다. 이 인증 센터는 공중전화 부스 형태로 만들어질 것이며, 무인으로 운영될 예정입니다.

STUDY NOTES

자전거로 제주도 한 바퀴
bicycle / one round

Around Jeju Island on a Bike

지난 2010년부터 **추진된** 자전거 **인프라 구축 사업**을 통해서,
to be promoted / infrastructure establishment / business
제주도에 총 217.9킬로미터 길이의 자전거 **전용 도로**가
exclusive use / road
올해 7월에 **완성될** 예정입니다.
to be finished/to be completed

Through the infrastructure establishment project that has been implemented since 2010, a bike-only road of 217.9km in total length will be completed on Jeju Island in July this year.

이번에 만들어지는 제주도의 자전거 도로는
해안 도로를 따라서 만드는 1.5~2미터 **너비**의 길로,
coast / width
제주도 **해안선**을 따라 자전거를 타고 제주도를 한 바퀴
coastline
돌 수 있는 **코스**입니다.
course

The bike road that will be made on Jeju Island this time is a path 1.5-2 meters wide and is built along the coastal roads, so it is a course where you can go around Jeju Island via the coastline.

이 사업에는 현재까지 125억 5천800만 원이 투입되었고,
올해 **말**까지 46억 3천600만 원을 **추가로** 들여서
the end of this year / in addition/addition
나머지 구간을 완성한다는 **계획**입니다.
remainder/the rest / section / plan

12.558 billion won has been put into this project so far, and the plan is to complete the rest of the sections by the end of this year, with an additional 4.636 billion won.

이 자전거 도로에는 또한, 자전거 **여행객**들이 **주요 지점**을
traveller / major spot
통과할 때마다 이것을 **기념할** 수 있는 **인증 센터**가
to go through/pass through / to commemorate / certification center
10개 장소에 **설치될** 예정이라고 합니다.
to be established

Also on this bike road, certification centers, where bike travelers can celebrate as they pass through each major spot, will be installed in 10 places.

이 인증 센터는 **공중전화 부스 형태**로 만들어질 것이며,
public telephone booth / form/shape
무인으로 **운영될 예정**입니다.
manless/unmanned / plan / to be managed/to be operated

These certification centers will be made in the shape of public phone booths, and will be operated as unmanned facilities.

ONE-LINE SUMMARY

☞ 지난 2010년 만들어지기 시작한 제주도의 자전거 전용 도로가 올해 7월 완성됩니다. 자전거를 타고 제주도를 한 바퀴 돌 수 있는 코스로, 기념할 수 있는 인증 센터도 운영될 예정입니다.

EXERCISE QUIZ

Q1. 무슨 이야기를 하고 있나요?

① 제주도에 자전거 전용 도로가 생긴다.

② 제주도에는 자전거 전용 도로가 없다.

③ 제주도에 자전거를 타고 놀러가야 한다.

④ 제주도에 해안 도로가 만들어진다.

Q2. 기사의 내용에 맞게 빈칸을 채우세요.

제주도의 자전거 도로에 설치될 인증 센터는 (　　　) 운영될 것입니다.

① 사람이 없이　　　　　　　② 로봇으로

③ 100개 장소에서　　　　　　④ 효율적으로

Q3. 기사를 읽고 맞는 문장을 고르세요.

① 제주도의 자전거 도로는 작년 7월에 완성되었습니다.

② 제주도의 자전거 도로 구축 사업에 170억 원이 넘는 돈이 투입됩니다.

③ 제주도의 자전거 도로는 길이가 1.5~2m 정도입니다.

④ 제주도의 자전거 도로에는 10개의 공중전화 부스가 만들어질 것입니다.

NEWS #40

과학 / Science

Track #40
FEBRUARY 27, 2015

부모 잔소리가
아이의 반항 키운다

뇌의학계의 연구에 따르면 사춘기 청소년들의 이해할 수 없는 반항이 과학적으로 설명되는 자연스러운 일이라는 것이 입증됐습니다. 14~16세 사이의 청소년 시기는 뇌와 심리적 구도가 빠르게 변화하는 시기이기 때문에 이 시기에 부모의 역할이 아주 중요합니다. 하지만 청소년 자녀를 둔 부모는 자녀가 삐뚤어질까 노심초사하며 항상 잔소리를 늘어 놓다가 결국 소통의 부재로 이 중요한 시기를 놓치게 되는 경우가 많습니다. 부모의 잔소리를 들은 자녀는 뇌의 특정 부위의 활성도가 낮아져서 이성적 사고를 멈추고 사회적 인식 처리를 중단해 부모의 심리를 이해하려고 하지 않는 상태가 됩니다. 그러므로 부모는 잔소리를 멈추고 자녀와 수평적 관계로의 탈바꿈을 할 필요가 있습니다. 전문가들은 훈계를 하기보다는 부모의 느낌을 전달하여 자녀가 이해하도록 하는 것이 효과적이라고 말합니다.

STUDY NOTES

부모 **잔소리**가 아이의 **반항** 키운다

> Parental Nagging raises Children's Defiance

뇌의학계의 **연구**에 따르면 **사춘기 청소년**들의 이해할 수 없는 **반항**이 **과학적으로 설명**되는 **자연**스러운 일이라는 것이 **입증**됐습니다.

> According to medical research in the field of human brains, it has been proven that the incomprehensible defiance of teenagers during puberty is a natural thing that can be scientifically explained.

14~16세 사이의 청소년 **시기**는 뇌와 **심리적 구도**가 빠르게 **변화**하는 시기이기 때문에 이 시기에 부모의 **역할**이 아주 **중요**합니다.

> The teenage period between the ages of 14 and 16 is a time when their brain and psychological compositions change quickly, so the role of parents is very important.

하지만 청소년 **자녀**를 둔 부모는 자녀가 **삐뚤어질까 노심초사**하며 항상 잔소리를 **늘어 놓**다가, 결국 **소통**의 **부재**로 이 중요한 시기를 놓치게 되는 경우가 많습니다.

> However parents with teenagers are worried that their children might make the wrong choices, so they always go on nagging, and often end up missing this important period due to the lack of communication.

부모의 잔소리를 들은 자녀는 뇌의 **특정 부위**의 **활성도**가 낮아져서 **이성적** 사고를 멈추고 **사회적 인식** 처리를 **중단**해 부모의 심리를 이해하려고 하지 않는 **상태**가 됩니다.

> When children hear nagging from their parents, their brain's activity level goes down in a particular area, so they stop thinking rationally and stop processing social recognition, resulting in a state where they do not want to understand how their parents feel.

그러므로 부모는 잔소리를 멈추고 자녀와 **수평적** 관계로의 **탈바꿈**을 할 필요가 있습니다.

> Therefore, parents need to stop nagging and transform their relationship into a horizontal one.

전문가들은 **훈계**를 하기보다는 부모의 느낌을 **전달**하여 자녀가 **이해**하도록 하는 것이 효과적이라고 말합니다.

> Experts say that it is more effective to convey how the parents feel and have the children understand it, rather than giving them a lecture.

ONE-LINE SUMMARY

☞ 청소년 시기는 뇌와 심리적 구도가 빠르게 변화하는 때이기 때문에 부모는 이 중요한 시기를 놓치지 않도록 해야 합니다.

EXERCISE QUIZ

Q1. 기사의 핵심 내용을 고르세요.

① 청소년들에게 훈계를 많이 해야 한다.
② 청소년들은 훈계를 잔소리로 받아들인다.
③ 청소년들에게 잔소리보다는 부모의 느낌을 전달하는 것이 중요하다.
④ 청소년들은 잔소리를 들으면 반항한다.

Q2. 내용에 알맞은 접속사를 고르세요.

> 청소년 시기는 뇌의 구도가 빠르게 변화하는 예민한 시기입니다. (　　　) 부모는 자녀와 건강한 소통을 하기 위해 노력해야 합니다.

① 그러다가　　　　② 그러면
③ 그러므로　　　　④ 그럴지도 모르니

Q3. 기사에 따르면 왜 부모들은 잔소리를 합니까?

① 자녀들에게 관심이 없어서
② 자녀들이 잘못된 방향으로 나아갈까 봐 불안해서
③ 잔소리를 하면 기분이 좋아져서
④ 소통하기 위해

NEWS #41

사회 / Social

MARCH 3, 2015

헌법재판소, 간통죄 위헌 판단 근거는?

헌법재판소가 간통죄에 대해 재판관 7 대 2 의견으로 62년 만에 간통죄 처벌 규정을 폐지했습니다. 세계적으로 간통죄가 폐지되고 있는 가운데 간통 행위를 처벌하는 것이 더 이상 우리나라 국민들의 인식과도 맞지 않는다는 판단으로 보여집니다. 위헌 의견을 낸 재판관들은 "간통죄가 개인 사생활의 자유, 성적 자기결정권 등을 침해한다"고 밝혔습니다. 비록 도덕적으로 비난 받아야 할 것은 마땅하나 가정의 유지는 당사자의 의지에 맡겨야 할 뿐, 국가가 개입하여 강제할 수 없는 것이라는 의견에 7명의 재판관이 동의하였습니다. 또한 오히려 간통죄가 협박이나 위자료를 받기 위한 수단으로 악용될 수 있는 여지가 있다는 것도 이번 판결을 내린 요인이 되었습니다. 현재 간통 혐의로 재판을 진행 중이거나 기소된 상태인 사람들에 대해서는 검찰이 공소를 취소하게 된다고 합니다.

STUDY NOTES

헌법재판소, 간통죄 위헌 **판단 근거**는?
judgement basis/reason

Constitutional Court Rules Adultery Law as Unconstitutional—Based on What?

헌법재판소가 간통죄에 대해 **재판관** 7 대 2 **의견**으로
judge opinion
62년 만에 간통죄 **처벌 규정**을 폐지했습니다.
penalty/punishment regulation/rule

The Constitutional Court of Korea has abolished the punishment regulation for adultery 62 years after it was made, in a 7:2 ruling by the judges.

세계적으로 간통죄가 폐지되고 있는 가운데 간통 행위를
globally
처벌하는 것이 더 이상 우리나라 **국민**들의 **인식**과도
nation/people awareness/recognition
맞지 않는다는 판단으로 여집니다.

With anti-adultery laws being abolished around the world, punishing adultery is seen as a decision that the law no longer matches in recognition of current Korean citizens.

위헌 의견을 낸 재판관들은 "간통죄가 **개인 사생활**의 자유,
individual private life
성적 자기결정권 등을 **침해**한다"고 밝혔습니다.
sexual autonomy invasion/violation

The judges that ruled it unconstitutional said that "anti-adultery laws violate one's freedom of private life, sexual autonomy, and so on."

비록 **도덕적으로 비난** 받아야 할 것은 **마땅하나**
morally/ethically criticism/blame to be proper/right/reasonable
가정의 **유지**는 **당사자**의 **의지**에 맡겨야 할 뿐, **국가**가
family/home maintenance the person concerned will/volition nation/country
개입하여 **강제**할 수 없는 것이라는 의견에 7명의
intervention to force/compel
재판관이 **동의**하였습니다.
to agree

7 of the judges agreed with the opinion that although adultery is certainly worth ethical criticism, the maintenance of a family should be up to the individual's will, and is not a matter where the country can intervene or force people.

또한 **오히려** 간통죄가 **협박**이나 **위자료**를 받기 위한
on the contrary/rather threat/menace alimony
수단으로 **악용**될 수 있는 **여지**가 있다는 것도 이번 **판결**을 내린
means/way misuse room/leeway judgement/ruling
요인이 되었습니다.
main factor/cause

Also, the fact that anti-adultery laws can be misused, as a way to threaten someone or receive alimony, has also played a major role in this ruling.

현재 간통 혐의로 **재판**을 **진행** 중이거나 **기소**된 상태인
trial ongoing prosecution
사람들에 대해서는 **검찰**이 **공소**를 **취소**하게 된다고 합니다.
the prosecution indictment cancellation

For those whose trial is ongoing or who have been prosecuted for adultery allegations, the prosecution will cancel the indictment.

ONE-LINE SUMMARY

☞ 헌법재판소가 62년 만에 간통죄 처벌 규정을 폐지했습니다. 이는 간통죄가 개인 사생활의 자유, 성적 자기결정권 등을 침해하고, 국가가 강제할 수 없는 일이라는 의견에 7명의 재판관이 동의하여 결정된 것입니다.

EXERCISE QUIZ

Q1. 기사의 핵심 내용을 고르세요.

① 간통죄를 폐지해야 한다.
② 간통죄를 강력히 처벌해야 한다.
③ 간통죄가 폐지되었다.
④ 간통죄는 악용될 수 있다.

Q2. 내용에 알맞은 접속사를 고르세요.

| 간통은 도덕적으로 비난 받아야 (   ) 어디까지나 개인의 문제일 뿐, 국가가 개입할 수 없다. |

① 했음에도 불구하고　　② 했기 때문에
③ 하지만　　　　　　　　④ 해서

Q3. 기사 내용과 일치하는 문장을 고르세요.

① 간통죄에 대해 재판관들의 만장일치로 간통죄가 폐지되었습니다.
② 세계적으로 간통죄가 폐지되고 있지만 우리나라 국민들은 간통죄를 지지하고 있습니다.
③ 협박의 수단으로 사용될 수 있다는 것도 이번 판결의 요인 중 하나입니다.
④ 현재 재판을 진행중인 사람들까지는 간통죄가 성립됩니다.

NEWS #42

과학 / Science

Track #42

MARCH 6, 2015

땅콩 자주 먹으면 사망률 낮아진다

땅콩을 조금씩 자주 먹으면 사망률을 17~21%까지 낮춰 준다는 연구 결과가 미국심장학회 저널 '내과학' 3월 2일 자에 발표되었습니다. 이는 미국 밴더빌트대학 의과대학 연구팀이 미국인 남녀 7만 명, 중국 상하이 시민 13만 명을 대상으로 5~12년에 걸쳐 연구, 분석한 결과입니다. 연구팀은 땅콩 섭취량에 따라 다섯 그룹으로 나누어 관찰을 진행했는데, 그 결과 땅콩 섭취량이 가장 많은 그룹이 가장 적은 그룹에 비해 사망률이 17~21% 더 낮게 나타났습니다. 이는 성별과 인종에 관계 없이 동일했습니다. 특히 심근경색이나 뇌졸중과 같은 심혈관계 질환으로 인한 사망률이 낮았는데, 암이나 당뇨로 인한 사망률에는 영향을 미치지 않는 것으로 밝혀졌습니다. 땅콩은 각종 비타민, 불포화 지방산, 섬유소 등 심혈관 건강에 도움을 주는 성분의 함량이 높아 기름에 튀기지 않고 염분이 첨가되지 않은 땅콩을 일주일에 네 번 정도 먹는 것이 권장된다고 합니다.

STUDY NOTES

땅콩 자주 먹으면 사망률 낮아진다

Eating Peanuts Often Will Lower Death Rate

땅콩을 조금씩 자주 먹으면 사망률을 17~21%까지 낮춰 준다는 연구 결과가 미국심장학회 저널 '내과학' 3월 2일 자에 발표되었습니다.

Research results showing that eating peanuts frequently in small portions lowers death rates by 17-21% have been published in the American Heart Association's journal, 'Internal Medicine' on March 2.

이는 미국 밴더빌트대학 의과대학 연구팀이 미국인 남녀 7만 명, 중국 상하이 시민 13만 명을 대상으로 5~12년에 걸쳐 연구, 분석한 결과입니다.

This is a result of the research team at Vanderbilt University's Medical College, who researched and analyzed data from 70,000 men and women in the USA and 130,000 citizens in Shanghai, China, over the course of 5-12 years.

연구팀은 땅콩 섭취량에 따라 다섯 그룹으로 나누어 관찰을 진행했는데, 그 결과 땅콩 섭취량이 가장 많은 그룹이 가장 적은 그룹에 비해 사망률이 17~21% 더 낮게 나타났습니다.

The research team divided five groups based on the amount of peanut intake while observing them, and as a result, the death rate of the group with the largest amount of peanut intake turned out to be 17-21% lower than the group with the least amount of peanut intake.

이는 성별과 인종에 관계 없이 동일했습니다.

The results were the same regardless of sex and race.

특히 심근경색이나 뇌졸중과 같은 심혈관계 질환으로 인한 사망률이 낮았는데, 암이나 당뇨로 인한 사망률에는 영향을 미치지 않는 것으로 밝혀졌습니다.

The death rate was particularly lower in relation to cardiovascular diseases such as myocardial infarction and stroke, yet it turned out that peanuts do not affect the death rate related to cancer or diabetes.

땅콩은 각종 비타민, 불포화 지방산, 섬유소 등 심혈관 건강에 도움을 주는 성분의 함량이 높아 기름에 튀기지 않고 염분이 첨가되지 않은 땅콩을 일주일에 네 번 정도 먹는 것이 권장된다고 합니다.

Peanuts are rich in ingredients that improve cardiovascular health such as various vitamins, unsaturated fatty acids, and fibrins, and it is recommended that you eat peanuts that are not fried and unsalted, about four times a week.

ONE-LINE SUMMARY

☞ 땅콩을 조금씩 자주 먹으면 사망률을 낮출 수 있다는 연구 결과가 발표되었습니다. 땅콩에는 심혈관 건강에 도움이 되는 성분들이 많이 들어있기 때문이라고 합니다.

EXERCISE QUIZ

Q1. 어떤 이야기를 하고 있나요?

① 땅콩을 많이 먹으면 몸에 좋지 않다.

② 땅콩은 몸에 해롭다.

③ 땅콩을 적당히 먹으면 더 건강해질 수 있다.

④ 땅콩을 많이 먹을수록 좋다.

Q2. 기사의 내용에 맞게 빈칸을 채우세요.

> 땅콩 섭취량에 따른 사망률을 연구한 결과, 땅콩을 먹으면 사망률이 (   ).

① 유지됩니다 ② 치솟습니다

③ 감소합니다 ④ 증가합니다

Q3. 기사를 읽고 맞는 문장을 고르세요.

① 땅콩을 한꺼번에 많이 먹으면 사망률을 낮출 수 있다.

② 땅콩 섭취량과 사망률의 관계는 인종에 따라 그 효과가 다르다.

③ 땅콩을 적당히 섭취하면 암에 걸릴 확률이 낮아진다.

④ 땅콩에는 각종 유용한 성분이 많아 건강에 좋다.

1.③ 2.③ 3.④

NEWS #43

과학 / Science

Track #43

MARCH 10, 2015

43억 년 전, 화성에 대서양만 한 바다 있었던 것으로 밝혀져...

화성에서도 생물체가 서식했을 것이라는 가설의 신빙성이 한층 더 높아졌습니다. 지난 5일, 미국 과학 전문 잡지 '사이언스'는 미국 항공우주국(NASA)이 화성이 한때 바다로 뒤덮여 있었다는 기존 가설을 입증할 만한 유력한 증거를 발견했다고 밝혔습니다. NASA의 과학자들은 화성의 대기와 운석의 수분 형태를 분석한 결과 약 43억 년 전 화성에는 전체 면적의 19%를 차지하는 대서양만 한 광활한 바다가 있었을 것이라고 논문을 통해 발표했습니다. 연구팀의 마이클 무마 교수는 "화성에는 우리가 알고 있는 것보다 더 오랜 시간 동안 물이 존재했고 이는 화성에 생물체가 살았었다는 충분한 증거가 될 수 있다"고 말했습니다.

STUDY NOTES

ago/before   Mars   the Atlantic Ocean   sea/ocean   to be revealed
43억 년 **전**, **화성**에 **대서양**만 한 **바다** 있었던 것으로 **밝혀져**

| 4.3 Billion Years Ago, Mars Had an Ocean the Size of the Atlantic |

living things/organism   to inhabit/live   hypothesis   authenticity/reliability
화성에서도 **생물체**가 **서식**했을 것이라는 **가설**의 **신빙성**이
much more/even more
한층 더 **높아졌습니다**.
to be higher

| The credibility of the hypothesis that living things used to inhabit Mars has become much higher. |

professional/speciality
지난 5일, 미국 과학 **전문** 잡지 '사이언스'는
to be covered/coated
미국 항공우주국(NASA)이 화성이 한때 바다로 **뒤덮여** 있었다는
existing   to prove   strong/powerful   evidence   to discover   to determine
기존 가설을 **입증할** 만한 **유력한 증거를 발견**했다고 **밝혔습니다**.

| On March 5, American science magazine 'Science' said that NASA found strong evidence that can prove the existing hypothesis that Mars was once covered with an ocean. |

scientist   air/atmosphere   meteor
NASA의 **과학자**들은 화성의 **대기**와 **운석**의
water/moisture   to analyze   result   whole   area/surface
수분 형태를 **분석**한 **결과** 약 43억 년 전 화성에는 **전체 면적**의
form
                              vast/extensive
19%를 **차지하**는 대서양만 한 **광활한** 바다가 있었을 것이라고
to occupy
    to announce
논문을 통해 **발표했습니다**.
research paper

| NASA scientists analyzed the water forms of the Martian atmosphere and meteors, and as a result, they announced through their research paper that they think Mars had a vast ocean 4.3 billion years ago; taking up 19% of the entire surface and being the size of the Atlantic Ocean. |

연구팀의 마이클 무마 교수는 "화성에는 우리가
to know   *long time*   *to exist*
알고 있는 것보다 더 **오랜 시간** 동안 물이 **존재했고**
            to live   *enough*
이는 화성에 생물체가 **살았**었다는 **충분한** 증거가 될 수 있다"고
말했습니다.

| Professor Michael Mumma from the research team said that "this can be enough evidence that water existed on Mars for a longer time than we were aware of, and that there was life living on Mars." |

ONE-LINE SUMMARY

☞ 약 43억 년 전 화성에 대서양만 한 바다가 존재했었다는 연구 결과가 발표되어 화성에 생물체가 서식했을 가능성이 한층 높아졌습니다.

EXERCISE QUIZ

Q1. 기사의 내용에 맞게 빈칸을 채우세요.

> 미국 항공우주국(NASA)은 화성에서도 생물체가 (   ) 것이라는 가설을 입증할 만한 증거를 발견했습니다.

① 움직였을　　　　　　　　② 살았을
③ 먹었을　　　　　　　　　④ 춤췄을

Q2. 기사의 핵심 내용을 고르세요.

① NASA가 아주 오래 전 화성에 큰 바다가 있었다는 것을 입증할 만한 증거를 찾았다.
② NASA는 화성에 현재 생물체가 서식하고 있을 것이라고 주장했다.
③ NASA는 화성에 지구보다 더 많은 물이 존재한다고 주장했다.
④ NASA는 화성이 바다로 뒤덮여 있었다는 기존 가설을 뒤집었다.

Q3. 내용에 알맞은 접속사를 고르세요.

> NASA가 증거를 발견(   ) 화성이 한때 바다로 뒤덮여 있었다는 가설의 신빙성이 한층 더 높아졌습니다.

① 했던지 간에　　　　　　② 했음에도 불구하고
③ 하고 싶어서　　　　　　④ 했기 때문에

NEWS #44

사회 / Social

Track #44

MARCH 10, 2015

육아냐 일이냐,
선택의 기로에 놓인 한국 엄마들

세계경제포럼(WEF)이 2014년 발표한 '세계 성평등 보고서'를 보면 한국 여성은 경제 활동·참여 부문에서 세계 142개국 중 124위로 최하위권이었습니다. 한국 기혼 여성 5명 중 1명은 결혼, 출산 후 경력이 단절된 것으로 집계되고 있습니다. 기혼 여성, 특히 육아를 동시에 하고 있는 여성의 경제 참여를 뒷받침해 줄 만한 제도나 기업의 분위기가 제대로 형성되어 있지 않아, 여성은 일과 가정 둘 중 하나를 선택해야 하는 상황에 몰리게 됩니다. 이에 대해 전문가는 "탁아 시설 확충과 아이 돌보미 서비스 강화, 남성 육아 휴직 보편화 등 일과 가정의 양립을 지원하는 국가적 정책이 시급하지만 우리나라의 경우 아직 미흡한 실정"이라고 지적했습니다. 여성이 육아의 부담을 어느 정도 덜 때쯤에는 경력 단절이 큰 걸림돌이 되어 재취업 또한 어려워집니다. 우리나라 평균 출산율은 1.21명으로 세계 최저 수준입니다. 육아와 일의 부담을 모두 떠안아야 하는 현실에서 당분간 이 수치가 높아지긴 어려울 것으로 보입니다.

STUDY NOTES

육아냐 일이냐, 선택의 기로에 놓인 한국 엄마들

Parenting or Working? Korean Mothers at Crossroads

세계경제포럼(WEF)이 지난해 발표한 '세계 성평등 보고서'를 보면 한국 여성은 경제 활동·참여 부문에서 세계 142개국 중 124위로 최하위권이었습니다.

According to the 'Global Gender Gap Report' published by the World Economic Forum last year, Korean women were among the lowest at 124th out of 142 nations worldwide in the economic activity and participation sector.

한국 기혼 여성 5명 중 1명은 결혼, 출산 후 경력이 단절된 것으로 집계되고 있습니다.

It has been tallied that one out of five married Korean women discontinued their career after marriage and childbirth.

기혼 여성, 특히 육아를 동시에 하고 있는 여성의 경제 참여를 뒷받침해 줄 만한 제도나 기업의 분위기가 제대로 형성되어 있지 않아, 여성은 일과 가정 둘 중 하나를 선택해야 하는 상황에 몰리게 됩니다.

There is no system or corporate atmosphere in place to support the economic participation of married women—especially those who are also raising children—so women are cornered into a situation where they have to choose between work and family.

이에 대해 전문가는 "탁아 시설 확충과 아이 돌보미 서비스 강화, 남성 육아 휴직 보편화 등 일과 가정의 양립을 지원하는 국가적 정책이 시급하지만 우리나라의 경우 아직 미흡한 실정"이라고 지적했습니다.

Regarding this, an expert pointed out that "there are national policies that support the coexistence of work and family, such as the expansion of public day care facilities and reinforcement of child care helper services, but in the case of South Korea, they are still insufficient."

여성이 육아의 부담을 어느 정도 덜 때쯤에는 경력 단절이 큰 걸림돌이 되어 재취업 또한 어려워집니다.

By the time a woman has somewhat lessened the burden from child rearing, career discontinuation becomes a huge obstacle and makes reemployment difficult.

우리나라 평균 출산율은 1.21명으로 세계 최저 수준입니다.

The average birthrate of South Korea is at 1.21 babies; among the lowest in the world.

육아와 일의 부담을 모두 떠안아야 하는 현실에서 당분간 이 수치가 높아지긴 어려울 것으로 보입니다.

In a reality where women have to embrace the burden of both child rearing and work, it seems unlikely that this number will go up for a while.

ONE-LINE SUMMARY

☞ 육아를 하고 있는 한국 여성의 경제 참여를 뒷받침할 제도나 사회 분위기가 형성되어 있지 않아, 양성 불평등이 심각한 상태입니다.

EXERCISE QUIZ

Q1. 기사의 내용에 맞게 빈칸을 채우세요.

> 여성이 육아의 부담을 덜 때쯤 재취업을 하고자 할 때는 경력이 (   )이 불리하게 작용합니다.

① 쌓여있는 것　　② 이어진 것
③ 높아진 것　　④ 끊어진 것

Q2. 기사 내용과 일치하는 문장을 고르세요.

① 세계 성평등 보고서에 따르면 한국 여성의 경제 활동은 활발하다.
② 한국의 기혼 여성 5명 중 1명은 출산 후 경력이 단절된다.
③ 여성은 출산 후에 일과 가정 둘 중 하나만 하고 싶어 한다.
④ 평균 출산율이 낮아 여성은 육아와 일의 부담을 모두 떠안아야 한다.

Q3. 빈칸에 알맞은 단어를 고르세요.

> 한국에서는 육아와 일의 부담을 모두 개인이 떠안아야 하는 것이 현실입니다. (   ) 우리나라의 낮은 평균 출산율이 당분간 높아지긴 어려울 것으로 보입니다.

① 따라서　　② 그렇지만
③ 그럼에도 불구하고　　④ 그러면서

1.④ 2.② 3.①

NEWS #45

건강 / Health

Track #45
MARCH 13, 2015

운동 안 하고 살을 뺄 수 있다?

열심히 운동하지 않고 맛있는 것을 먹으면서도 살을 뺄 수 있다는 가능성을 열어 준 놀라운 연구 결과가 발표돼 화제입니다. 미국 캘리포니아의 서던캘리포니아대학교 연구진이 발견한 유전자 'MOTS-c'는 인슐린을 조절해 혈당을 일정 수치로 유지시키는 효과가 있는 것으로 밝혀졌습니다. 연구진이 비만 쥐를 대상으로 실험한 결과, 비만 쥐의 신진대사가 활발해지며 체중이 감소하는 효과를 확인했습니다. 인슐린은 탄수화물과 당을 조절하는 호르몬으로, 결핍되거나 민감도가 낮아지면 당뇨병을 일으키고 이는 비만을 비롯해 각종 질환으로 이어질 수 있습니다. 이 'MOTS-c' 유전자는 근육 세포에 작용하여 근육량을 조절하고 인슐린에 대한 민감도를 높여 주기 때문에 앞으로 비만 치료 및 예방에 효과적일 것으로 기대됩니다.

STUDY NOTES

운동 안 하고 **살을 뺄** 수 있다?
(exercise / to lose weight)

→ Is it Possible to Lose Weight Without Exercising?

열심히 운동하지 않고 **맛있는** 것을 먹으면서도 살을 뺄 수 있다는 **가능성을 열어 준 놀라운 연구 결과**가 **발표돼 화제**입니다.
(hard/diligently / tasty/delicious / possibility / to open / amazing / research / result / to be presented/announced / headlines)

→ A surprising research result, which has opened up the possibility that you can lose weight while eating delicious food and without working out hard, has been published and is making headlines.

미국 캘리포니아의 서던캘리포니아대학교 **연구진**이 발견한 **유전자** 'MOTS-c'는 **인슐린을 조절해 혈당을 일정 수치로 유지시키는 효과**가 있는 것으로 **밝혀졌습니다**.
(research team / gene / insulin / to control / blood sugar / figure/numerical value / to maintain / effect / certain amount/degree of / to be revealed)

→ The gene 'MOTS-c', which the research team at Southern California University, USA has discovered, was found to have the effect of controlling insulin and maintaining the blood sugar at a certain level.

연구진이 **비만 쥐를 대상으로 실험**한 결과, 비만 쥐의 **신진대사가 활발해지며 체중이 감소하는 효과**를 **확인했습니다**.
(obesity / mouse / target / experiment / metabolism / to be active / weight / to decrease / effect / to confirm)

→ The research team experimented on obese rats and as a result, has ascertained the effect of the obese rats as having a more active metabolism and weight loss.

인슐린은 **탄수화물과 당을 조절하는 호르몬**으로, **결핍**되거나 **민감도**가 낮아지면 **당뇨병**을 **일으키고** 이는 비만을 **비롯해 각종 질환**으로 **이어질** 수 있습니다.
(carbohydrate / sugar / to control / hormone / lack/deficiency / sensitivity / diabetes / to cause / including / every kind / disease/illness / to be connected/to continue)

→ Insulin is a hormone that controls carbohydrates and sugar, and if you're deprived of it or your sensitivity to it goes down, it can cause diabetes, further leading to various illnesses including obesity.

이 'MOTS-c' 유전자는 **근육 세포**에 **작용하여 근육량**을 조절하고 인슐린에 대한 민감도를 **높여 주기** 때문에 **앞으로** 비만 **치료 및 예방**에 효과적일 것으로 **기대됩니다**.
(muscle / cell / to act/apply / amount of muscle / to increase / in the future / treatment/remedy / prevention / to be anticipated/expected)

→ This gene 'MOTS-c' influences muscle cells, controls muscle mass, and increases sensitivity to insulin, so it is expected to be effective in the treatment and prevention of obesity from now on.

ONE-LINE SUMMARY

☞ 미국 서던캘리포니아대학교 연구진이 발견한 유전자 'MOTS-c'는 인슐린을 조절해 혈당을 일정 수치로 유지시키는 효과가 있어 앞으로 비만 치료 및 예방에 효과적일 것으로 기대됩니다.

EXERCISE QUIZ

Q1. 기사의 핵심 내용을 고르세요.

① 운동을 많이 해야 살이 빠진다.
② 운동하지 않고 살을 뺄 수 있는 유전자를 발견했다.
③ 비만 쥐는 신진대사가 활발하다.
④ 인슐린은 비만 치료에 효과적이다.

Q2. 기사의 내용에 맞게 빈칸을 채우세요.

> 최근 발견된 MOTS-c 유전자는 비만 치료 및 예방에 (　　　) 유전자입니다.

① 부정적인　　　　② 효도하는
③ 효과적인　　　　④ 이기적인

Q3. 과학자들에 따르면 인슐린을 일정 수치로 유지시키는 것이 왜 중요합니까?

① 인슐린이 부족하면 잠이 오기 때문에
② 인슐린이 부족하면 다양한 질환이 발생하기 때문에
③ 인슐린이 부족하면 배가 고파지기 때문에
④ 인슐린이 부족하면 심심해지기 때문에

NEWS #46
건강 / Health

MARCH 17, 2015

몸에 좋은 사과, 언제 어떻게 먹을까

"사과를 매일 하나씩 먹으면 의사를 멀리한다"라는 말이 있을 정도로 사과는 비타민 C가 풍부하여 몸에도 좋고 다이어트에도 도움이 되는 가을 과일 중 하나입니다. 사과가 몸에 좋다는 것은 누구나 알고 있지만 정확히 언제 그리고 어떻게 먹어야 효과가 있는지 잘 모르는 사람들을 위해서 미국의 생활 건강 매체인 '팝슈가닷컴'이 그것을 소개했습니다. 아침 식사로 오트밀을 먹는 경우가 많은데, 이때 메이플 시럽을 대신해 사과 소스를 곁들여 먹는 것이 좋습니다. 메이플 시럽을 사과 소스로 바꾸면 칼로리는 줄고 섬유질은 더 많아집니다. 간식으로 먹는 사과는 열량이 낮고 수분 함량은 높아 식사를 할 때까지 포만감을 유지시키며 다른 간식을 먹고 싶은 생각을 사라지게 합니다. 또한 후식으로 초콜릿 아이스크림 대신 사과 한 개를 먹는 것이 권장됩니다. 작은 사과 한 개의 열량은 80칼로리에 불과하여 꿀 한 스푼을 뿌려 먹어도 총 열량이 144칼로리밖에 되지 않기 때문입니다.

STUDY NOTES

몸에 좋은 사과, 언제 어떻게 먹을까

"사과를 매일 하나씩 먹으면 의사를 멀리한다"라는 말이 있을 정도로 사과는 비타민 C가 풍부하여 몸에도 좋고 다이어트에도 도움이 되는 가을 과일 중 하나입니다.

사과가 몸에 좋다는 것은 누구나 알고 있지만 정확히 언제 그리고 어떻게 먹어야 효과가 있는지 잘 모르는 사람들을 위해서 미국의 생활 건강 매체인 '팝슈가닷컴'이 그것을 소개했습니다.

아침 식사로 오트밀을 먹는 경우가 많은데, 이때 메이플 시럽을 대신해 사과 소스를 곁들여 먹는 것이 좋습니다.

메이플 시럽을 사과 소스로 바꾸면 칼로리는 줄고 섬유질은 더 많아집니다.

간식으로 먹는 사과는 열량이 낮고 수분 함량은 높아 식사를 할 때까지 포만감을 유지시키며 다른 간식을 먹고 싶은 생각을 사라지게 합니다.

또한 후식으로 초콜릿 아이스크림 대신 사과 한 개를 먹는 것이 권장됩니다.

작은 사과 한 개의 열량은 80칼로리에 불과하여 꿀 한 스푼을 뿌려 먹어도 총 열량이 144칼로리밖에 되지 않기 때문입니다.

Apples are Good for Health, but When and How Should You Eat Them?

There's a saying, "an apple a day, keeps the doctor away." To that extent, apples are one of the autumn fruits that are rich in vitamin C, good for health, and helpful in losing weight.

Everybody knows that apples are good for their body, but for those who do not know exactly when and how to eat them to have the effects, U.S. life health magazine 'PopSugar.com' introduces it.

There are many cases where people eat oatmeal for breakfast, and when they do, it's good to have apple sauce with it instead of maple syrup.

If you change maple syrup to apple sauce, you get fewer calories and more fiber.

Apples that you eat as a snack are low in calories and contain a lot of water, so they keep you feeling full until you have a proper meal, while your desire to eat other snacks disappears.

Also, eating an apple instead of chocolate ice cream is recommended.

This is because one small apple only contains 80kcal, and even if you drizzle a spoonful of honey over it and eat it, the total calorie intake is only 144kcal.

ONE-LINE SUMMARY

☞ 사과를 언제 어떻게 먹어야 효과가 있는지 '팝슈가닷컴'이 소개하였습니다. 사과는 소스로 만들어 곁들여 먹거나 간식으로, 또는 디저트로 먹는 것이 권장됩니다.

EXERCISE QUIZ

Q1. 기사를 읽고 맞는 문장을 고르세요.

① 사과는 비타민 D가 많습니다.
② 사과는 겨울에 많이 먹을 수 있습니다.
③ 메이플 시럽은 사과 소스보다 칼로리가 높습니다.
④ 작은 사과 반 개의 열량은 80칼로리입니다.

Q2. 기사에 따르면 왜 간식으로 사과를 먹는 것이 좋습니까?

① 식사할 때까지 배고픈 생각을 없애 주기 때문에
② 사과는 간단하게 먹을 수 있기 때문에
③ 칼로리가 높아 배가 부르기 때문에
④ 비타민 C가 풍부하기 때문에

Q3. 빈칸에 알맞은 말을 고르세요.

'팝슈가닷컴'은 건강에 좋은 사과를 먹는 방법 몇 가지를 (　　　).

① 추천했습니다　　　　　　　② 충고했습니다
③ 주장했습니다　　　　　　　④ 노래했습니다

NEWS #47
사회 / Social

MARCH 20, 2015

어린이 손님 받지 않는 카페, 음식점 늘어

"만 7세 미만 어린이를 동반한 손님은 받지 않습니다." 어느 한 음식점 앞에 걸린 안내 문구입니다. 요즈음 어린이 손님은 받지 않겠다는 카페나 식당이 늘고 있습니다. 올해 초 한 인터넷 커뮤니티에서는 누군가가 카페 테이블 위에 버리고 간 헌 기저귀 사진이 올라와 화제가 되었습니다. 지난 2011년에는 한 식당에서 뛰어 놀던 아이와 뜨거운 물을 들고 가던 종업원이 부딪혀 아이가 화상을 입은 사건이 있었습니다. 이 사건에 대해 법원은 식당 주인과 종업원에게 "4,100만 원을 배상하라"고 판결했습니다. 이러한 불편한 경험들과 법원의 판결이 '노키즈존'을 선언하는 카페와 식당 수의 증가로 이어진 것입니다. 어린이의 출입을 제한하는 것이 법적으로는 문제가 없지만 '아이에 대한 차별'일 수 있다며 우려하는 목소리도 있습니다. 이에 대해 연세대 황상민 교수는 "개인의 영업 공간에서 어떤 선택을 하든 그것은 개인의 권리"라며 "노키즈존으로 인해 권리가 박탈됐다고 생각하는 피해 의식이 오히려 다른 사람의 권리를 침해하고 있다"고 주장했습니다.

STUDY NOTES

어린이 손님 받지 않는 카페, 음식점 늘어

Cafes and Restaurants That Don't Allow Kids Are on the Rise

"**만 7세 미만 어린이를 동반한 손님은 받지 않습니다.**"

"We don't accept customers who accompany kids that are younger than 7 years old."

어느 한 음식점 앞에 **걸린 안내 문구**입니다.

It is a phrase that has been posted in front of a restaurant.

요즈음 어린이 손님은 받지 않겠다는 카페나 식당이 늘고 있습니다.

These days, there are more and more cafes and restaurants that choose not to accept child customers.

올해 초 한 인터넷 커뮤니티에서는 누군가가 카페 **테이블** 위에 **버리고 간 헌 기저귀 사진**이 올라와 **화제**가 되었습니다.

At the beginning of this year, in an internet community, a photo of a used diaper that someone left on a cafe table was posted and became the topic of controversy.

지난 2011년에는 한 식당에서 **뛰어** 놀던 아이와 뜨거운 물을 **들고 가던** 종업원이 **부딪혀** 아이가 **화상을 입은 사건**이 있었습니다.

In 2011, there was a restaurant accident where a kid who was running around in the restaurant bumped into an employee who was carrying hot water, resulting in the child getting burnt.

이 사건에 대해 **법원**은 식당 **주인**과 **종업원**에게 "4,100만 원을 **배상하라**"고 **판결**했습니다.

In this case, the court concluded that the owner of the restaurant and the employee "should compensate with 41 million won."

이러한 불편한 **경험**들과 법원의 판결이 '노키즈존'을 **선언하는** 카페와 식당 수의 **증가**로 **이어진** 것입니다.

These kinds of uncomfortable experiences and the rulings of the court led to the increase of such cafes and restaurants that declare themselves as a 'No Kids Zone'.

STUDY NOTES

어린이의 **출입**을 **제한**하는 것이 **법적**으로는 **문제**가 없지만 '아이에 대한 **차별**'일 수 있다며 **우려하는 목소리**도 있습니다.

> Although there are no legal problems prohibiting kids from entering a certain store, some people worry that it could be a discrimination against kids.

이에 대해 연세대 황상민 **교수**는 "**개인**의 **영업 공간**에서 어떤 **선택**을 하든 그것은 개인의 **권리**"라며 "노키즈존으로 인해 권리가 **박탈됐다고 생각하는 피해 의식**이 **오히려** 다른 사람의 권리를 **침해**하고 있다"고 **주장**했습니다.

> With regards to this, Professor Sangmin Hwang at Yonsei University said that "it is the individual's right no matter what decision they make in their own commercial business space." He also claimed that "on the contrary, the victim mentality that people have thinking that their rights were deprived because of the 'No Kids Zone' is infringing upon other people's rights."

ONE-LINE SUMMARY

☞ 어린이의 출입을 제한하는 카페나 식당이 늘고 있는 것에 대해 업주 개인의 권리라는 찬성론과 아이에 대한 차별이라는 반대론이 팽팽히 맞서고 있습니다.

EXERCISE QUIZ

Q1. 기사의 핵심 내용을 고르세요.

① 카페나 음식점의 주인들은 어린이 손님들을 좋아한다.
② 어린이 손님을 받지 않는 카페나 음식점이 많아지고 있다.
③ 음식점에서 어린이들이 시끄럽게 뛰어 논다.
④ 카페나 음식점에서 어린이들은 조용히 있어야 한다.

Q2. 기사의 내용에 맞게 빈칸을 채워 주세요.

| 카페나 음식점들이 어린이의 출입을 (　　　)하는 것은 '차별'일 수 있습니다. |

① 권장　　　　　　　　　② 방치
③ 금지　　　　　　　　　④ 권유

Q3. 기사에 따르면 왜 '노키즈존'을 선언하는 카페와 식당의 수가 증가하고 있습니까?

① 주인들이 개인적으로 아이들을 싫어해서
② 아이들 때문에 피해를 본 사례들이 많아서
③ 아이들이 돈을 안 내서
④ 아이들이 너무 시끄러워서

NEWS #48

사회 / Social

Track #48
MARCH 24, 2015

장수 마을 오키나와, 왜 비만 마을이 되었나

일본의 오키나와는 장수 마을로 잘 알려져 있습니다. 세계보건기구(WHO)로부터 세계 최고의 장수 지역으로 인정받기도 했습니다. 하지만 언젠가부터 오키나와는 전국에서 비만율이 1위인 마을이 되었습니다. 통계에 따르면 성인 남성 둘 중에 한 명이 비만일 정도로 심각합니다. 일반적으로 비만율이 높아지면 수명도 짧아집니다. 실제로 오키나와의 평균 수명은 2002년까지 전국에서 1위를 차지하다가 2010년 데이터에 따르면 전국 30위로 떨어졌습니다. 그 이유 중 하나는 바로 높은 자동차 의존율입니다. 오키나와는 다른 지역에 비해 교통수단이 부족해 사람들의 자동차 의존율이 높습니다. 때문에 오키나와 사람들의 운동량이 현저히 떨어진 것입니다. 식생활의 변화 또한 무시할 수 없는 원인입니다. 미군 기지의 주둔으로 햄버거 가게 수가 증가하였고, 이는 오키나와 사람들의 식생활을 변화시키기에 충분했습니다. 비만 문제의 심각성을 자각한 오키나와는 현재 '오키나와 건강 장수 프로젝트'를 진행하고 있습니다.

장수마을 오키나와에 무슨 일이...

STUDY NOTES

장수 마을 오키나와, 왜 비만 마을이 되었나
longevity/long life — 마을 *village* — 비만 *obesity*

Why Okinawa, a Village of Longevity, Became a Village of Obesity

일본의 오키나와는 장수 마을로 잘 알려져 있습니다.
to be known

Okinawa, Japan, is well known for being a village of longevity.

세계보건기구(WHO)로부터 세계 최고의 장수 지역으로 인정받기도 했습니다.
the best — *region* — *to receive credit/to be recognized*

It has also been recognized by WHO as the region with the highest life expectancy in the world.

하지만 언젠가부터 오키나와는 전국에서 비만율이 1위인 마을이 되었습니다.
but/however — *nationwide* — *obesity rate* — *top honor/first place*

From some time ago, however, it has become the village with the highest obesity rate in the country.

통계에 따르면 성인 남성 둘 중에 한 명이 비만일 정도로 심각합니다.
statistic — *adult/grown up* — *man* — *degree* — *to be serious*

According to statistics, (the obesity rate) is so seriously high that one out of two adult men is overweight.

일반적으로 비만율이 높아지면 수명도 짧아집니다.
generally — *to increase* — *lifespan* — *to shorten/to become shorter*

Generally, the higher the obesity rate is, the shorter the life expectancy becomes.

실제로 오키나와의 평균 수명은 2002년까지 전국에서 1위를 차지하다가 2010년 데이터에 따르면 전국 30위로 떨어졌습니다.
actually — *average* — *to take (ranking)* — *according to* — *to drop*

In fact, the average life span in Okinawa used to be the highest in the country until 2002, but it has dropped to the 30th place in the country according to data from 2010.

그 이유 중 하나는 바로 높은 자동차 의존율입니다.
reason — *dependence/reliance*

One of the reasons is none other than a high dependency on cars.

오키나와는 다른 지역에 비해 교통수단이 부족해 사람들의 자동차 의존율이 높습니다.
transportation — *to lack*

Because Okinawa relatively lacks transportation, people's dependency on cars is high.

151

STUDY NOTES

때문에 오키나와 사람들의 **운동량**이 **현저히** 떨어진 것입니다.
- workrate/amount of exercise: 운동량
- markedly/remarkably: 현저히

This has resulted in a noticeable decrease in the amount of exercise that people in Okinawa do.

식생활의 변화 또한 **무시할 수 없는 원인**입니다.
- eating habit/dietary life: 식생활
- change: 변화
- to ignore: 무시할
- cause: 원인

Changes in eating habits also can't be ignored as a reason.

미군 기지의 **주둔**으로 햄버거 **가게** 수가 **증가**하였고, 이는 오키나와 사람들의 식생활을 **변화시키**기에 **충분**했습니다.
- U.S military base: 미군 기지
- stationing: 주둔
- store: 가게
- to increase: 증가
- to change: 변화시키
- to be enough: 충분

The number of hamburger stores has increased since a U.S. military base was stationed, and this was enough to change Okinawan eating habits.

비만 **문제**의 **심각성**을 **자각한** 오키나와는 **현재** '오키나와 **건강** 장수 프로젝트'를 **진행**하고 있습니다.
- problem: 문제
- seriousness: 심각성
- to realize: 자각한
- present: 현재
- health: 건강
- to proceed: 진행

Okinawa has realized the seriousness of its obesity problem, and is currently proceeding a project named 'Okinawa Health Longevity Project'.

ONE-LINE SUMMARY

☞ 장수 마을로 잘 알려져 있던 일본의 오키나와가 현재 높은 자동차 의존율과 식생활의 변화로 인해 전국에서 비만율이 1위인 마을이 되었습니다.

EXERCISE QUIZ

Q1. 어떤 이야기를 하고 있나요?

① 장수 마을 오키나와가 그 명성을 되찾았다.
② 오키나와는 오래 사는 사람들이 많다.
③ 오키나와는 비만인 사람들이 많다.
④ 오키나와는 아름답다.

Q2. 내용에 알맞은 접속사를 고르세요.

> 오키나와의 비만율이 매우 높아졌습니다. (　　　) 평균 수명도 많이 떨어졌습니다.

① 그럼에도 불구하고　　② 그에 따라
③ 그럴지라도　　　　　④ 하지만

Q3. 기사에 따르면 오키나와가 장수 마을에서 비만 마을이 된 원인은 무엇입니까?

① 높은 자전거 의존율과 수면 부족
② 높은 자동차 의존율과 식생활 변화
③ 여가 시간 부족과 결혼 생활 변화
④ 낮은 평균 수명과 수면 부족

NEWS #49

생활 / Life

MARCH 27, 2015

꽃 피는 봄날에 우울증 증가?

일반적으로 해가 오래 떠 있고 날씨가 화창한 계절이 되면 우울증 환자가 줄어드는 것으로 알려져 있습니다. 우울증은 세로토닌이라는 호르몬이 부족할 때 나타나기 쉬운데, 이 호르몬은 몸과 마음을 안정시키거나 기분을 좋게 만드는 호르몬으로, 햇볕을 쬘 때 몸 안에서 분비됩니다. 때문에 일조량이 높을수록 우울증 환자가 줄어드는 것이 일반적인 이론입니다. 하지만 이상하게도 봄으로 접어드는 환절기에 오히려 우울증 환자가 많아지는 것으로 나타났습니다. '우울증 월별 건강 보험 진료 현황'에 따르면 최근 4년간 2~3월에 우울증 환자의 수가 가장 많이 늘어났습니다. 이에 대해 전문가들은 "자신의 우울한 감정과 봄 날씨를 비교하여 증세가 더 심해지는 것으로 보인다"고 말했습니다. 날씨가 화창해지는 봄의 희망적인 분위기에 오히려 상대적 박탈감을 느낄 수도 있다는 분석입니다.

STUDY NOTES

꽃 피는 봄날에 우울증 증가?

Depression Increases When Spring Flowers Bloom?

일반적으로 해가 오래 떠 있고 날씨가 화창한 계절이 되면 우울증 환자가 줄어드는 것으로 알려져 있습니다.

Generally, it is known that the number of people suffering from depression decreases when the sun stays long and during sunny seasons.

우울증은 세로토닌이라는 호르몬이 부족할 때 나타나기 쉬운데, 이 호르몬은 몸과 마음을 안정시키거나 기분을 좋게 만드는 호르몬으로, 햇볕을 쬘 때 몸 안에서 분비됩니다.

Depression is likely to happen when the hormone known as Serotonin is lacking, and this hormone, which calms both the body and mind while making you feel good, is usually secreted in your body when you are under the sun.

때문에 일조량이 높을수록 우울증 환자가 줄어드는 것이 일반적인 이론입니다.

For that reason, the general theory is that the more the sun shines, fewer people suffer from depression.

하지만 이상하게도 봄으로 접어드는 환절기에 오히려 우울증 환자가 많아지는 것으로 나타났습니다.

However strangely, it turned out on the contrary that the number of people suffering from depression increases when seasons change as spring begins.

'우울증 월별 건강 보험 진료 현황'에 따르면 최근 4년간 2~3월에 우울증 환자의 수가 가장 많이 늘어났습니다.

According to the 'Monthly Health Insurance Treatment Record of Depression', the number of people suffering from depression increased the most in February and March over the past four years.

이에 대해 전문가들은 "자신의 우울한 감정과 봄 날씨를 비교하여 증세가 더 심해지는 것으로 보인다"고 말했습니다.

With regards to this, experts said that "It seems the symptoms get worse when they compare (their) own depressed feeling with the spring weather".

날씨가 화창해지는 봄의 희망적인 분위기에 오히려 상대적 박탈감을 느낄 수도 있다는 분석입니다.

The analysis is that people might feel, on the contrary, relatively deprived due to the hopeful atmosphere of the spring when the weather gets sunny.

155

ONE-LINE SUMMARY

☞ 일조량이 높을수록 우울증 환자가 줄어드는 것이 일반적인 이론이지만 봄으로 접어드는 환절기에 오히려 우울증 환자가 많아지는 것으로 나타났습니다.

EXERCISE QUIZ

Q1. 기사의 핵심 내용을 고르세요.

① 날씨가 화창한 봄에 오히려 우울증 환자의 수가 늘어난다.
② 우울증은 세로토닌 호르몬이 부족할 때 나타난다.
③ 세로토닌 호르몬은 몸과 마음을 안정시킨다.
④ 날씨가 따뜻해지면서 우울증 환자도 감소한다.

Q2. 내용에 알맞은 접속사를 고르세요.

> 보통 일조량이 높을수록 우울증 환자가 줄어드는 것이 일반적입니다. (　　　) 최근 4년간 날씨가 따뜻해지는 봄에 우울증 환자의 수가 늘어난 것으로 나타났습니다.

① 때문에　　　　　　　　② 그럼에도 불구하고
③ 그래서　　　　　　　　④ 그러다가

Q3. 과학자에 따르면 왜 봄에 우울증 환자의 수가 증가합니까?

① 따뜻한 날씨를 싫어해서
② 세로토닌의 분비가 부족해서
③ 봄의 희망적인 분위기와 자신의 우울한 감정을 대조시켜서
④ 햇볕이 너무 강해서 집 안에만 있어서

NEWS #50

과학 / Science

JULY, 7, 2015

눈꺼풀 떨림 증상,
마그네슘 섭취하세요

우리 신체 가운데 가장 운동량이 많은 근육은 바로 눈꺼풀 근육입니다. 그런데 현대인들은 스마트폰이나 책을 장시간 보는 경우가 많은 탓에, 최근 눈꺼풀 떨림 증상을 보이는 사람들이 늘고 있다고 합니다. 눈꺼풀 떨림의 원인으로는 흔히 수면 부족, 과로 등이 꼽히지만 보다 정확히 이 증상을 해결하기 위해서는 마그네슘을 보충해 줘야 합니다. 눈꺼풀 떨림 현상은 보통 우유나 바나나, 콩, 견과류 등 마그네슘이 풍부한 음식을 꾸준히 섭취해 주거나 충분한 휴식을 취하는 것으로도 해결 가능합니다. 하지만 눈꺼풀이 심하게 떨린다거나 증상이 몇 개월 이상 지속된다면 안과에 방문해 전문의의 치료를 받아보는 것이 좋습니다.

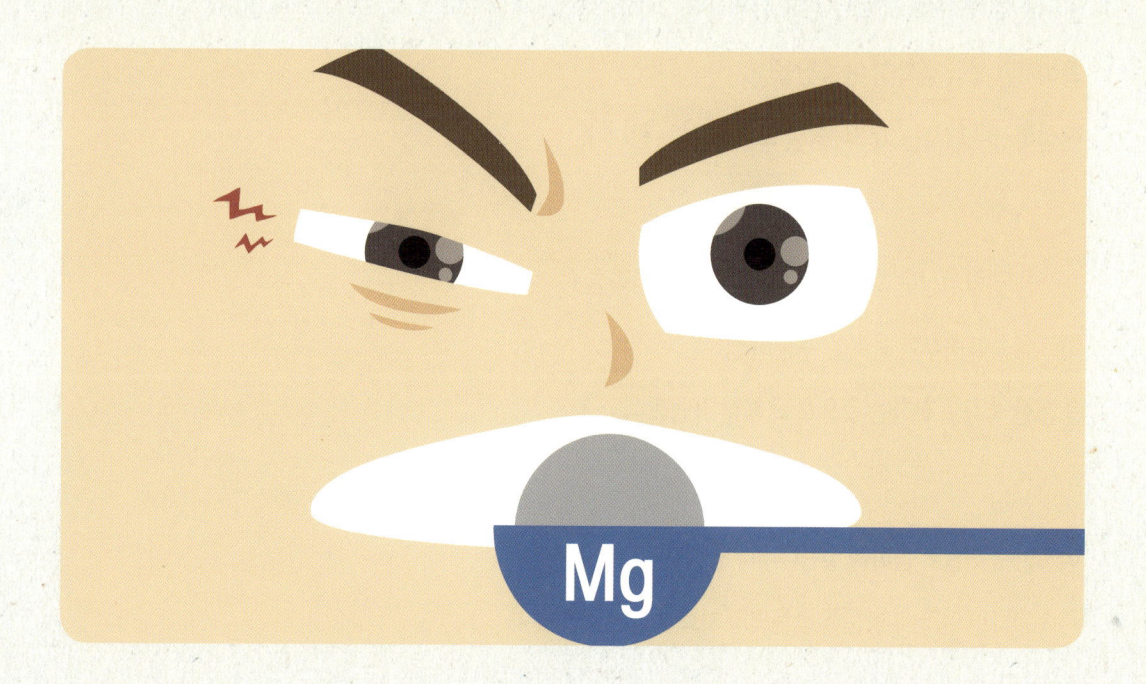

STUDY NOTES

눈꺼풀 떨림 증상, 마그네슘 섭취하세요

> Take Magnesium When You Have Symptoms of Twitching Eyelids

우리 신체 가운데 가장 운동량이 많은 근육은 바로 눈꺼풀 근육입니다.

> In our body, the muscles that move the most are the eyelid muscles.

그런데 현대인들은 스마트폰이나 책을 장시간 보는 경우가 많은 탓에, 최근 눈꺼풀 떨림 증상을 보이는 사람들이 늘고 있다고 합니다.

> However, because a lot of modern people watch smartphones and read books for a long time, people who experience twitching eyelids have been reportedly increasing recently.

눈꺼풀 떨림의 원인으로는 흔히 수면 부족, 과로 등이 꼽히지만 보다 정확히 이 증상을 해결하기 위해서는 마그네슘을 보충해 줘야 합니다.

> Common causes of twitching eyelids are considered to be lack of sleep, overworking, and so on, but in order to solve this problem more accurately, you should replenish your magnesium levels.

눈꺼풀 떨림 현상은 보통 우유나 바나나, 콩, 견과류 등 마그네슘이 풍부한 음식을 꾸준히 섭취해 주거나 충분한 휴식을 취하는 것으로도 해결 가능합니다.

> The phenomenon of twitching eyelids can usually be resolved by regularly eating foods with sufficient magnesium, such as milk, banana, beans or nuts, or to get enough rest.

하지만 눈꺼풀이 심하게 떨린다거나 증상이 몇 개월 이상 지속된다면 안과에 방문해 전문의의 치료를 받아보는 것이 좋습니다.

> However, If your eyelids are twitching severely or the symptom lasts for more than a few months, you should go visit an ophthalmology clinic and see a doctor.

ONE-LINE SUMMARY

☞ 수면 부족이나 과로 등으로 인한 눈꺼풀 떨림 증상을 해결하기 위해서는 마그네슘이 풍부한 음식을 섭취하는 것이 좋습니다.

EXERCISE QUIZ

Q1. 기사를 읽고 맞는 문장을 고르세요.

① 최근에는 눈꺼풀 떨림 증상을 보이는 사람들이 많이 줄었다.
② 눈꺼풀 떨림 증상은 마그네슘을 지나치게 섭취하면 발생한다.
③ 스마트폰이나 책을 장시간 보면 눈꺼풀 떨림 증상이 많이 발생한다.
④ 눈꺼풀 떨림 증상이 있을 때에는 바나나, 콩, 견과류 섭취를 피하는 것이 좋다.

Q2. 내용에 알맞은 접속사를 고르세요.

> 우유나 바나나, 콩은 마그네슘이 풍부한 음식(　　　) 눈꺼풀 떨림 증상을 완화하는 데 도움이 됩니다.

① 이지만　　　　　　　　　　② 일지도 모르지만
③ 이기 때문에　　　　　　　　④ 일지라도

Q3. 기사의 내용에 맞게 빈칸을 채우세요.

> 눈꺼풀 떨림 증상이 몇 개월 이상 (　　　) 안과에 방문해 보는 것이 좋습니다.

① 중지된다면　　　　　　　　② 중단된다면
③ 유지된다면　　　　　　　　④ 멈춘다면

MP3 audio files can be downloaded at http://TalkToMeInKorean.com/audio.